道の

CW01272601

メープル街道 カナダ
Maple road / Canada | DREAM TRIP 21

氷河に
囲まれた海を
シーカヤック
で旅したい！

アラスカ アメリカ
Alaska / USA | DREAM TRIP 45

地球が
生みだした
芸術的渓谷
に行きたい！

DREAM TRIP 08

アンテロープキャニオン アメリカ
Antelope Canyon / USA

モンゴルで
馬に乗り
遊牧民ライフ
を送りたい！

DREAM TRIP 37

内モンゴル
Inner Mongolia

地球上で最も
地球とは
思えない島
に行きたい！

ソコトラ島 イエメン
Socotra island / Yemen
DREAM TRIP 46

キャンピングカー
でアメリカ大陸
を旅したい！

北アメリカ大陸 アメリカ
North American Continent / USA
DREAM TRIP 13

ラクダの
キャラバンで
サハラ砂漠
を歩きたい！

DREAM TRIP 31 | **サハラ砂漠** アルジェリア
Sahara Desert / Algeria

カヌーで
ユーコン川
を下りたい！

DREAM TRIP 20 | **ユーコン川** カナダ
Yukon River / Canada

『星の王子さま』
の世界
バオバブ並木道
を歩きたい！

バオバブ並木道　マダガスカル
Morondava / Madagascar　|　DREAM TRIP 41

アマゾンの巨木
に登って、
ハンモックで1泊
したい！

アマゾン　ブラジル
Amazon / Brazil　|　DREAM TRIP 44

水上飛行機で
前人未踏の地
へ行きたい！

DREAM TRIP 06 | **アラスカ** アメリカ
Alaska / USA

野生動物の
王国で
極上サファリ体験
をしたい！

DREAM TRIP 24 | **サバンナ** ケニア
Savanna / Kenya

I WANT TO

地底湖で
光のカーテン
に包まれたい！

DREAM TRIP 12 | **セノーテ** メキシコ
Cenote / Mexico

奇跡の虹
を見たい!

ジープ島　ミクロネシア
Jeep Island / Micronesia
DREAM TRIP 01

無数のクラゲ
と泳ぎたい!

ジェリーフィッシュレイク　パラオ
jellyfish lake / Palau
DREAM TRIP 29

断崖絶壁に
隠された
秘密のビーチ
で泳ぎたい！

DREAM TRIP 40 | **ザギントス島** ギリシャ
Zakynthos Island / Greece

世界最大の
珊瑚礁地帯の
絶景
を見たい！

DREAM TRIP 16 | **ハミルトン島** オーストラリア
Hamilton Island / Australia

ハワイ島　アメリカ
Hawaii island / USA
DREAM TRIP 38

南極
Antarctica
DREAM TRIP 47

犬ゾリに乗って
オーロラ
を観に行きたい！

DREAM TRIP 18

ラップランド　フィンランド
Lapland / Finland

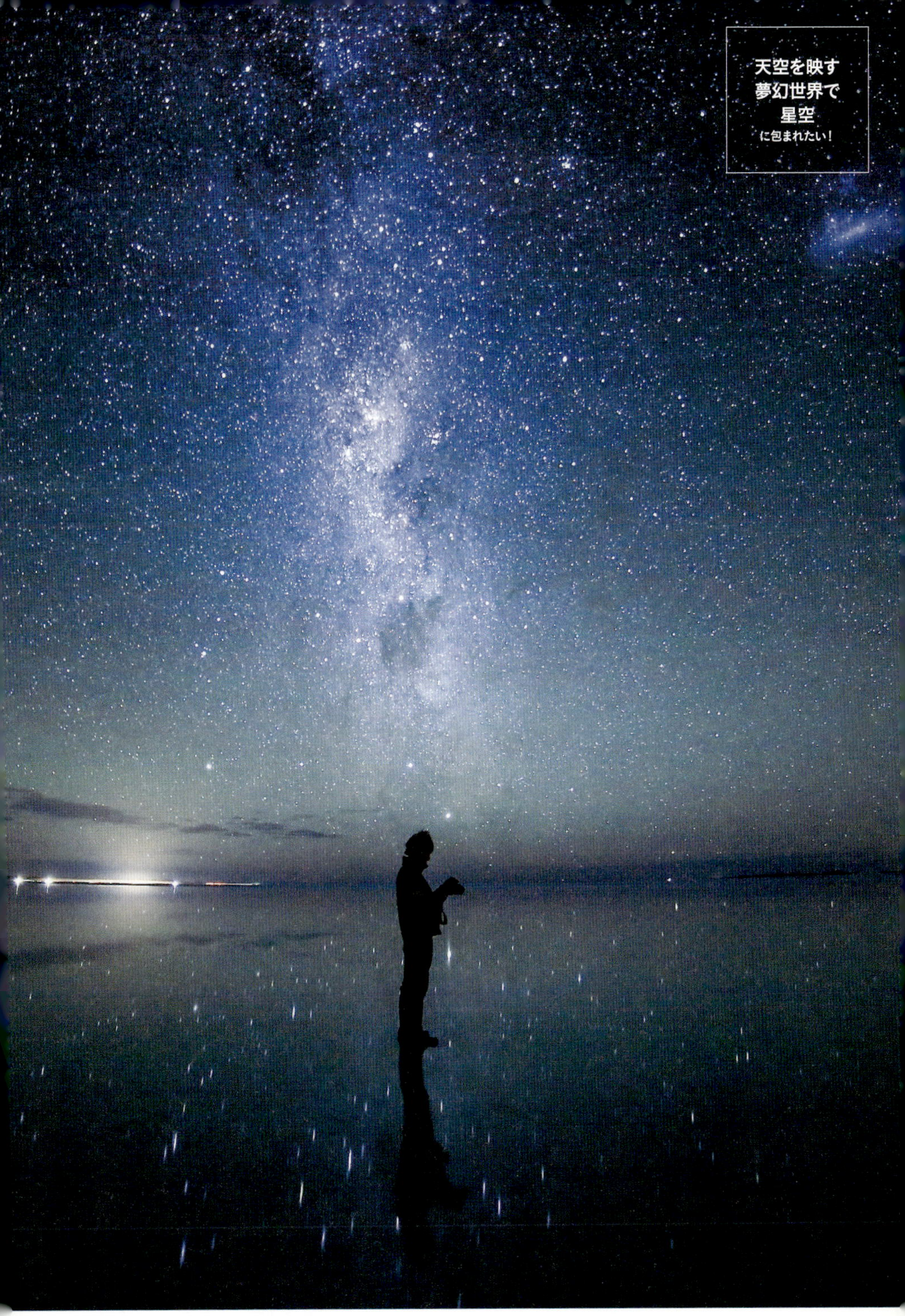

天空を映す
夢幻世界で
星空
に包まれたい！

ウユニ塩湖　ボリビア
Salar de Uyuni / Bolivia

はじめに

さぁ、旅に出よう！
そう思ったとき、まずなにを考えるだろうか。
予算？　スケジュール？　場所？

まずは、自分の心の声に耳を澄ませてみよう。
自分は一体なにをやりたいのか……

「一生に一度は、絶対にやってみたい！」
この本は、そんな夢の旅に出逢い、そして本当に叶えるためのガイドブックだ。

地球は僕らの遊び場だ。
そこには、言葉を失うほどの絶景や、心が震えるような体験が溢れている。

人生は一度きり。
夢の旅を夢のまま終わらせずに、次の休みに叶えてしまおう！

「やってみたい！」を叶える旅へ。
この旅が、あなたの人生を変えるかもしれない。

Have a nice dream trip!

FACTORY A-Works

I WANT TO 01-10

CONTENTS
DREAM TRIP 1 to 50

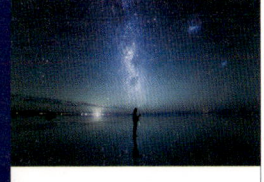

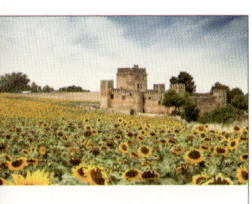

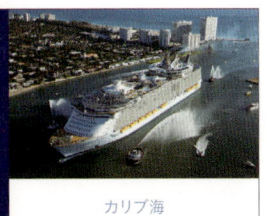

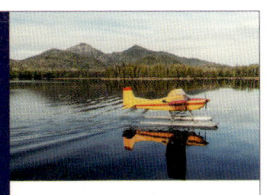

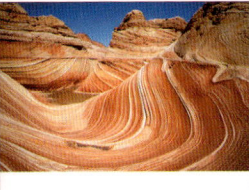

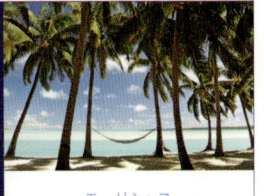

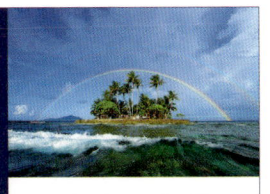

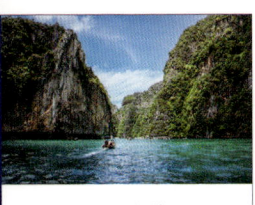

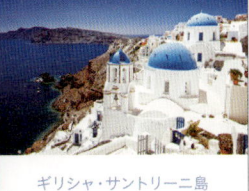

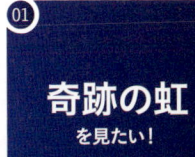

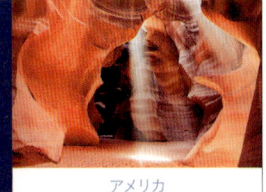

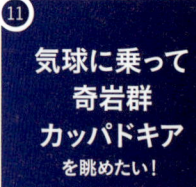

CONTENTS
DREAM TRIP 1 to 50

I WANT TO 11-20

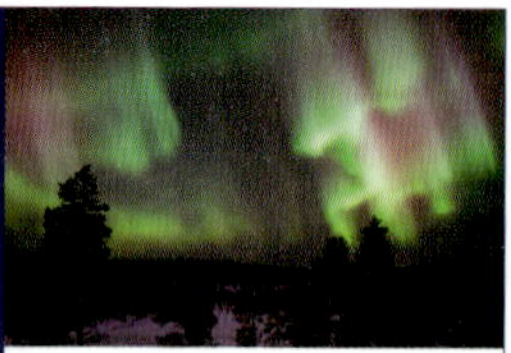

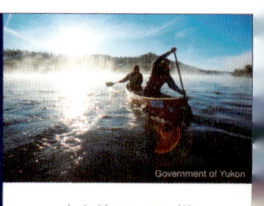

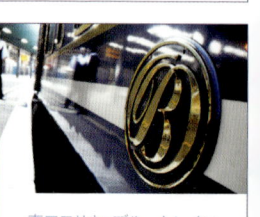

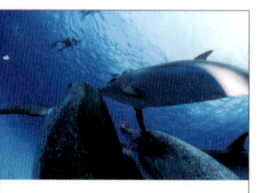

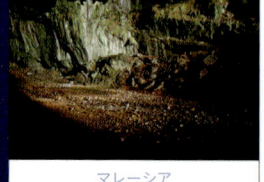

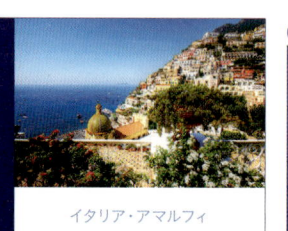

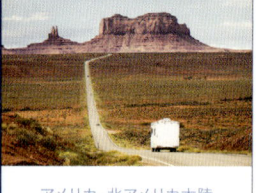

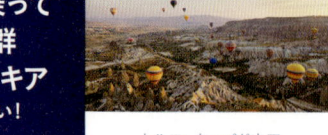

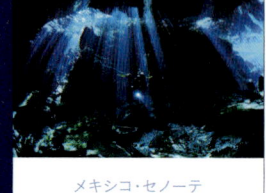

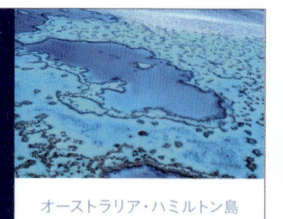

21-30

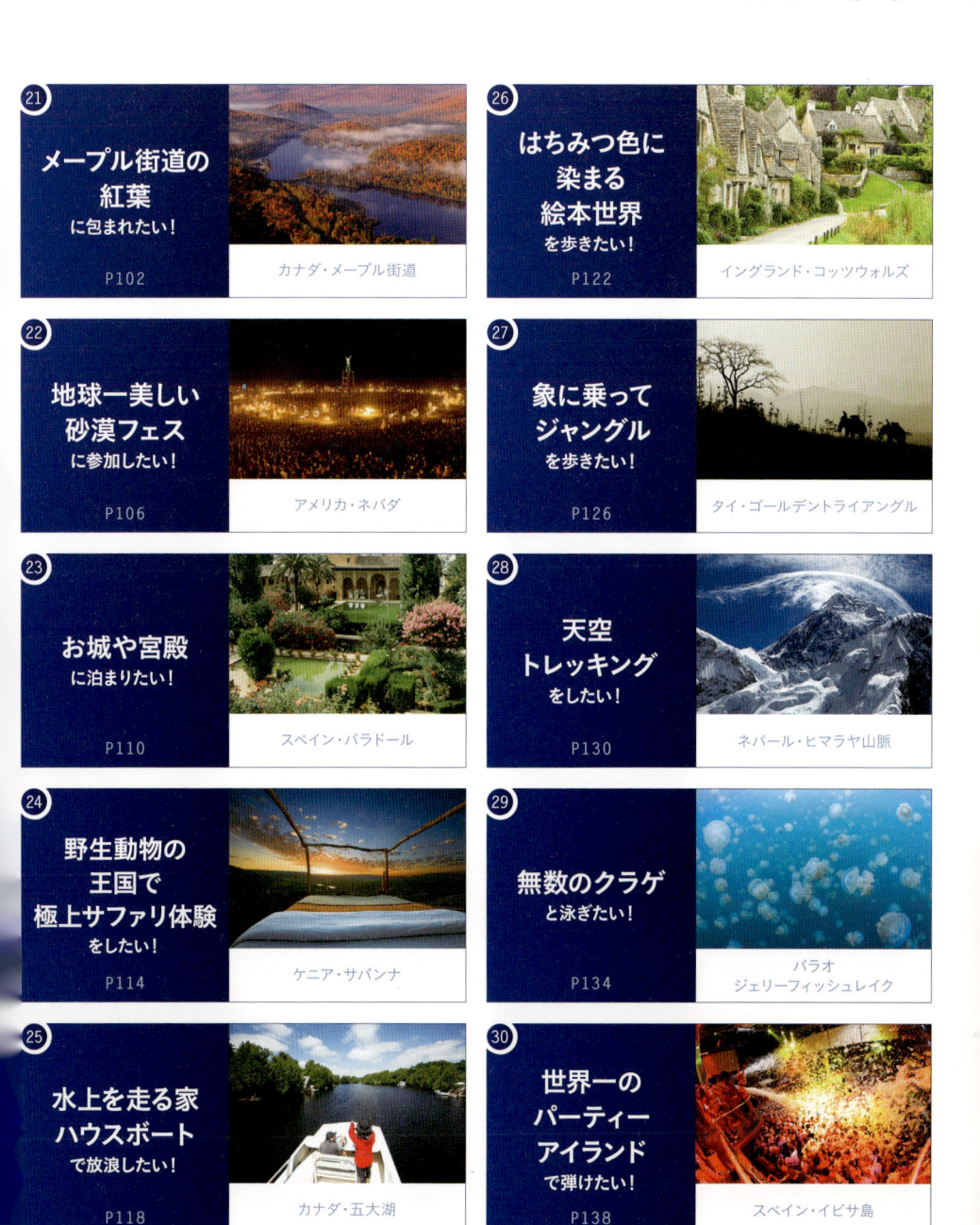

CONTENTS

DREAM TRIP 1 to 50

I WANT TO 31-40

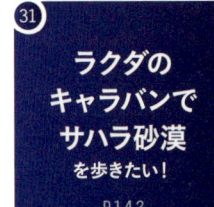

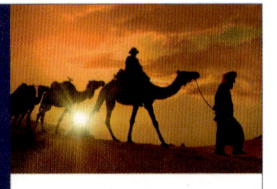

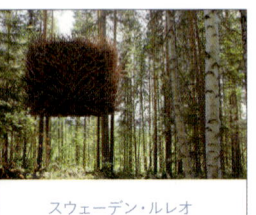

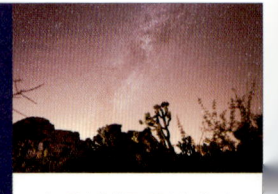

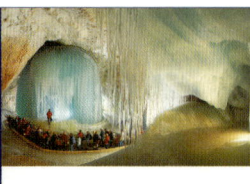

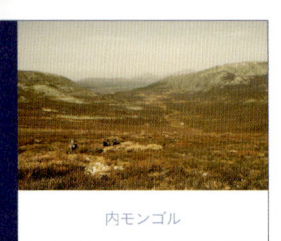

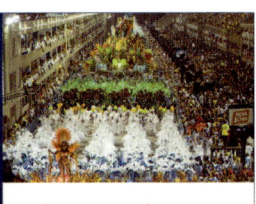

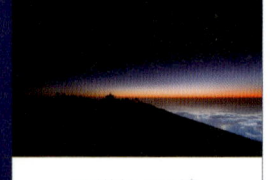

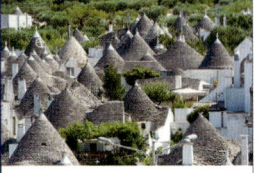

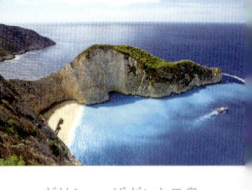

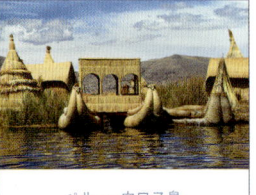

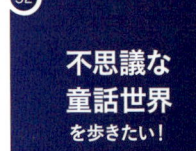

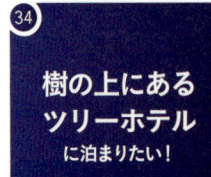

41-50

マダガスカル・バオバブ並木道

カナダ・マスコーカ

チリ・イースター島

ブラジル・アマゾン

アメリカ・アラスカ

イエメン・ソコトラ島

南極

ヴァージン諸島
ネッカーアイランド

無人島

世界一周

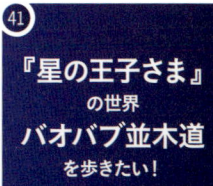

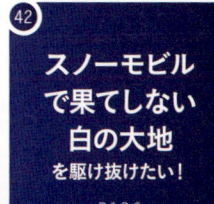

一度きりの人生
絶対に行きたい
夢の旅50

心震える絶景&体験ガイド
PRESENTED BY A-WORKS

奇跡の虹
を見たい！

DREAM
TRIP
01

コバルトブルーの海に浮かぶ小さな島で、
ダブルレインボーに包まれる旅

「ジープ島」
Jeep Island

ミクロネシア
Micronesia

01 「ジープ島／ミクロネシア」 Jeep Island / Micronesia

南太平洋の湖に浮かぶ島

西太平洋は赤道直上に点在する、ヤップ、チューク、ポンペイ、コスラエ……これら4つの州から構成される国、ミクロネシア連邦。それぞれの州が数多くの島を擁す、さながら“南の島”が集められた宝物庫でもある。そのひとつ、約290もの島からなるチューク州。そこはチューク環礁と呼ばれ、“南太平洋の湖”とも言われている。その州都、ウエノ島からボートで約30分。到着するのは、ゆっくり歩いても3分とかからない小島。“ジープ島”と名付けられたその島の周囲はハウスリーフと呼ばれる枝珊瑚の群落があり、海洋生物たちのオアシスとなっている。バンドウイルカの通り道でもあるため、海を泳げばイルカとの出逢えることも！
また、360度すべてが海で視界が広く、さらにスコールが頻繁に発生することから、虹を見られる機会が非常に多く、「世界一の虹の島」と称されている。二重にかかるダブルレインボーは当たり前、奇跡のトリプルレインボー、さらに夜になれば月の光で生み出されるナイトレインボーを見られることもあるほど。絶海の孤島だからこその幻想的な景色は、一生に一度は堪能したい。
ジープ島には最大13人まで宿泊可能なコテージがある。朝陽が昇ると共に起床し、海を眺め、海で遊び、木陰に吊したハンモックで昼寝し、食事を堪能し、そして満天の星空に抱かれ眠る。それは、多くのミクロネシアンと同じく、自然と共に生きる日々だ。
コバルトブルーの海にぽっかり浮かぶ、真っ白いビーチに11本の椰子がそびえる小さな無人島で、「何もない贅沢」を体感しよう。

「ジープ島／ミクロネシア」

いくらかかる？ How much?

15万円〜

＜大人1名分の総予算＞

※飛行機代、現地送迎、宿泊費、食事（朝3回、昼3回、夕3回）含む、燃油サーチャージ除く

どうやって行く？ How to get there

約6時間

＜片道の合計時間＞

成田からチュークのウエノ島までの直行便はないため、グアムでの乗り継ぎが必要になる。成田を日曜日に出発する便が最も効率いい。しかし他の曜日でも充分にジープ島滞在ができるので、自身の都合によって決めよう。成田〜グアムは約3時間45分、グアム〜チュークは約1時間30分。チュークのウエノ島からボート乗り場まで車で約20分、そこからジープ島へはボートで約30分。

いつがオススメ？ Trip Season

5月〜12月

＜ベストシーズン＞

年間の平均気温は約27°Cとほとんど変化はないので、1年中泳ぐことが可能。1〜4月が乾期、5〜12月が雨期と分かれているが、基本的に年間を通じて雨が降りやすい環境だ。しかしここでの雨は、島を180度包むような見事な虹を描くことでも知られているので、「雨」もひとつの楽しみだ。

01 Jeep Island
Micronesia
TRAVEL PLAN:

TRAVEL PLAN:

4泊5日のプラン例

1日目： 成田発〜グアム乗り継ぎ〜チューク（ウエノ島）着【ウエノ島泊】
2日目〜4日目： ジープ島滞在
5日目： ジープ島発〜チューク（ウエノ 島）〜グアム乗り継ぎ〜成田着

周辺情報 1 PERIPHERAL INFORMATION

キミシマ環礁

広大な環礁にポツリと顔を出す、背の低い無人島。キミシマブルーと言われる、蛍光色のような海に囲まれた島でランチを堪能したり、シュノーケルで熱帯魚たちと戯れたり。古来から継承されてきた原始の海を堪能しよう。

周辺情報 2 PERIPHERAL INFORMATION

グアム

日本から一番近い、アメリカの空気にふれることができる島。日本からの観光客も多いため、言語の心配なく気軽に旅行を楽しむことができる。ショッピングも充実しているので、無人島帰りにアウトレットを覗いてみるのもオススメだ。

この旅の相談、手配先 ARRANGING THE TRIP

PLAY THE EARTH
www.play-the-earth.com

ジープ島滞在やバハマなどでイルカと泳ぐもの、加えてインドで象と泳ぐツアーなど、実際にスタッフが体験し、面白いと思ったものをツアーにしている旅行会社。もちろん個人手配も可能だ。実際にスタッフの多くもジープ島に滞在した経験を持つので、気軽に相談してみよう。

世界一の秘められた絶景を見たい!

DREAM TRIP 02

岩肌に描かれた奇跡のグラデーションを見に行く旅

「ザ・ウェイブ」
The wave

アメリカ
USA

02 「ザ・ウェイブ／アメリカ」 The wave / USA

新たなる絶景

アメリカのアリゾナ州とユタ州の州境にある、バーミリオンクリフス国定公園。その入口から道無き道を歩くこと約2時間。ノース・コヨーテ・ビュートというエリアに、ザ・ウェイブはある。
2003年にカメラマンに偶然『発見』されたこの絶景は、地層の脆さや保護の観点から、厳しい入場制限が敷かれ、正確な場所が示してある地図は公開されていない。1日に訪問を許されるのはわずか20名。その半数の10名分はインターネットでの受付、そして残りの枠は近郊の町、カナブにて訪問前日に抽選となる。ベストシーズンには数百人が応募することもある狭き門。一握りの選ばれた旅人のみが拝める秘められた絶景なのだ。とはいえ、時期をずらせば倍率は大幅に下がるので、この地球が創り上げた芸術にふれるのは不可能ではない。
見事当選し、トレイルに足を踏み入れると、道案内やサインなど何もないことに驚くだろう。あるのは赤茶に染まる荒涼とした大地だけだ。ザ・ウェイブまで往復4時間、受付時に貰える地図や方位磁石、飲食物、携帯トイレなど、それらを頼りに自らの足で進んでいく。
世界一の絶景、そして最新の絶景のひとつと言われる、ザ・ウェイブ。そこに広がるのは、鉱物によって彩られたグラデーションと共に、砂岩が描く波のような流線の世界。選ばれし者のみが、足を踏み入れることが許される奇跡の絶景へ。

「ザ・ウェイブ／アメリカ」

いくらかかる？ How much?

13万円～

＜大人1名分の総予算＞

※旅の予算は本書プラン例の目安料金です。
※飛行機代、宿泊費、レンタカー代含む、食費、燃油サーチャージ除く

どうやって行く？ How to get there

約17.5時間

＜片道の合計時間＞

ザ・ウェイブへ行くには、アメリカのラスベガスまたはフェニックスから500km弱の陸路移動が必要となる。ラスベガスへ行くにはロサンゼルス乗り継ぎ、フェニックスであればサンフランシスコ乗り継ぎが一般的だ。成田～ロサンゼルスは約10時間15分、ロサンゼルス～ラスベガスは約1時間10分。ラスベガスからザ・ウェイブ最寄りの町ペイジまでは車で約5時間、ペイジからザ・ウェイブまでは車で約1時間。

いつがオススメ？ Trip Season

通年

＜ベストシーズン＞

抽選に当選しなければ行くことができないので、当選した時がベストシーズンだ。春夏秋は倍率が高く、逆に冬は倍率が下がる。倍率の低さを狙うなら冬だが、気候のいい時期を狙うならやはり春、秋。夏(6～9月)は、40度近い気温になある場合もあるので、その時期に訪れる場合は、水分補給などに特別注意しよう。

TRAVEL PLAN:

3泊5日のプラン例

1日目： 成田発～米国1都市乗り継ぎ～ラスベガス着、ペイジに移動
2、3日目： ザ・ウェイブ、ホワイトポケット、ティーピーズ観光
4、5日目： ラスベガス発～米国1都市乗り継ぎ～成田着

ザイオン国立公園

グランドキャニオンと並ぶ、アメリカで最も古い公園のひとつ。壮大な岩によって創られた大渓谷を堪能することができる。多種多様なトレイルがあるので、体力と「何を見たいか」によってルートを決めよう。

セドナ

ザ・ウェイブへは、ラスベガスではなくフェニックスの町を拠点とすることも可能だ。フェニックスを拠点にした場合、地球のエネルギーが湧き出る場所＝ボルテックスが多く存在するパワースポット『セドナ』が近いので、ぜひ立ち寄ってみよう。

この旅の相談、手配先 ARRANGING THE TRIP

ism
shogai-kando.com

北米、南米、オーストラリアなど多くの地域をカバーしている旅行会社ism。パッケージ旅行はもちろん、オーダーメイドにも対応している。一生に一度の感動の旅をプロデュースしてくれる頼れる存在。まずは気軽に問い合わせてみよう。

珊瑚礁に
抱かれる
伝説の秘島
に行きたい！

DREAM
TRIP
03

映画『ザ・ビーチ』で描かれた、
地上の楽園と呼ばれる伝説の島で泳ぐ旅

「ピピ島」
Phi Phi Islands

タイ
Thailand

03 「ピピ島／タイ」 Phi Phi Island / Thailand

伝説の秘島

タイ南東部に位置する同国最大のリゾートアイランド、プーケット。そのさらに南東へ約45kmに浮かぶのが珊瑚礁に囲まれたピピ島だ。ピピ「島」と呼ばれてはいるが、厳密には主となる“ピピ・ドン島”に加え、無人島の“ピピ・レイ島”などいくつかの小さな島から成る。
21世紀になるまで秘島とされてきたこの島が一躍有名になったのは、レオナルド・ディカプリオ主演の映画『ザ・ビーチ』の影響だ。映画で描かれた「地上の楽園と呼ばれる伝説の孤島」の舞台となったのが、ピピ・レイ島西部にあるマヤベイ。エメラルドグリーンの海に白砂のビーチを岩山が囲む湾。そのひっそりとしたロケーションが、秘密めいた神秘的な雰囲気を醸し出している。
ピピ島の魅力はマヤベイだけではない。プーケットからの船が着くトンサイエリアのメインストリートを歩けば、タイ本土とはまた異なるエキゾチックな空気を楽しめるし、『ローダラム』や『ラムトン』といった透明度の高いエメラルドグリーンの海が美しい白砂のビーチもあるし、シュノーケルで潜ればトロピカルフィッシュにも簡単に出逢える。
車もバイクも走らないピピ島の移動は、徒歩か自転車かボートのみ。恵まれた自然を壊さず、ゆったりとした時間が流れる島で、美しいラグーンと椰子の木々に包まれる。それはまさに、地上の楽園での一時と言えるだろう。

いくらかかる？
How much?

15万円～

<大人1名分の総予算>

※旅の予算は本書プラン例の目安料金です。
※飛行機代、宿泊費、現地送迎、食事(朝3回)、現地ツアー代含む、燃油サーチャージ除く

どうやって行く？
How to get there

約10時間

<片道の合計時間>

成田からタイの首都バンコクまで直行便が運行している。そこからプーケットまでは国内線で移動することになる。成田～バンコクは約6時間30分、バンコク～プーケットは約1時間30分。一般的にはプーケットを乗り継いで行くことになるが、クラビでも乗り継ぎが可能だ。プーケットからピピ島まではボートで約2時間。

いつがオススメ？
Trip Season

11月～3月

<ベストシーズン>

4、5月は非常に暑く、6～10月は雨期となるため、11～3月がベストシーズンと言われている。しかし雨期とは言っても6～8月は比較的穏やかで、雨が降ったとしても一時的なスコールがほとんど。宿泊費が安くなるので、費用を抑えたい人にはオススメの時期だ。

TRAVEL PLAN:

3泊5日のプラン例

1日目： 成田発～バンコク乗り継ぎ～プーケット着
2、3日目： ピピ島滞在
4、5日目： プーケット発～バンコク乗り継ぎ～成田着

プーケット

タイ南部はアンダマン海に浮かぶ同国最大の島。「アンダマン海の真珠」と称えられるほど美しい海とビーチを擁する島だ。タイ随一のリゾート地なので、海遊びはもちろんショッピング、スパなども充実している。乗り継ぎ地がプーケットの場合はぜひ。

バンコク

アジアを代表する大都市。寺院や王宮、宮殿などの観光はもちろん、タイ料理をはじめとする世界各国の料理やショッピング、エステなど、楽しみは尽きない。アジア1とも言われる活気と喧噪に溢れる街を楽しもう。

この旅の相談、手配先
ARRANGING THE TRIP

エス・ティー・ワールド
stworld.jp

日本を拠点としながらも、世界中にネットワークを持つ旅行会社。タイには現地支店もあるので、とても心強い。旅の日数や宿も含め、色々とアレンジできるので、まずは気軽に相談してみよう。豊富な種類のパッケージ旅行も魅力だ。

世界一の夕陽
を見たい！

DREAM
TRIP
04

紺碧のエーゲ海に浮かぶ三日月形の島で、
夕陽が生み出す橙色に染まる旅

「サントリーニ島」
Santorini Island

ギリシャ
Greece

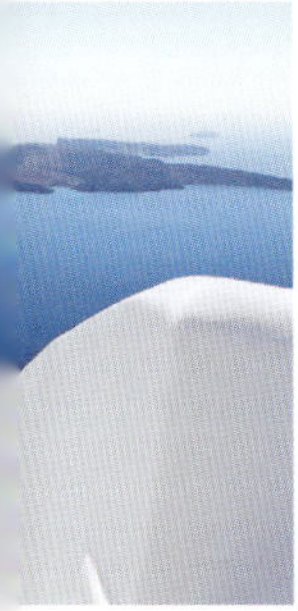

04 「サントリーニ島／ギリシャ」 Santorini Island / Greece

世界一の夕陽

ギリシャ本土より南東へ約200km。エーゲ海に囲まれた三日月形の島がある。火山活動によって形成されたサントリーニ島だ。紺碧の海に切り立つ断崖絶壁が続くこの島の頂上には、まるで雪が降り積もったかのように眩い輝きを放つ白い家々が建ち並ぶ。その唯一無二の絶景は「絵葉書の世界」とも呼ばれている。
島の中心となるのは、中央西部に位置する町フィラ。ホテルやカフェ、バー、レストラン、ギャラリー、土産屋が軒を連ね、眼下に広がる青い海との調和が絶妙で非常に美しい。サントリーニで一番の賑わいを見せ、名物のロバタクシーも異国情緒の盛り上げに一役買っている。アクティブにサントリーニを楽しみたい人におすすめのエリアだ。
フィラから車で約20分、島の北部には「世界で最も夕陽が美しい町」と呼ばれるイアがある。白い町並みが徐々に橙色に染まっていく光景には息を呑むだろう。紺碧のエーゲ海、連なる白い建物、そして世界一の夕陽が奏でる景色は、まさしくアートの世界だ。
ホテルのテラスでのんびりエーゲ海を眺めたり、可愛らしいフィラやイアの町を散策したり、火山＆温泉ツアーに参加したり……サントリーニ島での過ごし方はさまざま。
エーゲ海に囲まれた美しき島で、世界一の夕陽が生み出す橙色に染まろう。

「サントリーニ島／ギリシャ」

いくらかかる？ How much?

17万円～

＜大人1名分の総予算＞

※旅の予算は本書プラン例の目安料金です。
※飛行機代、宿泊費、現地送迎、食事（朝2回）含む、燃油サーチャージ除く

どうやって行く？ How to get there

約17時間

＜片道の合計時間＞

成田からギリシャの玄関口アテネまでの直行便はない。アラブ首長国連邦のドバイやアブダビ、またはヨーロッパ1都市での乗り継ぎが必要になる。また、アテネからサントリーニ島までは国内線で移動する。成田～ドバイは約11時間15分、ドバイ～アテネは約5時間、アテネ～サントリーニ島は約45分。

いつがオススメ？ Trip Season

6月～9月

＜ベストシーズン＞

6～9月がハイシーズン、10～5月はローシーズンとなる。一般的に6～9月が海水浴に適した気候と言われているが、6月と9月は肌寒くなることも。夏場の気温は30℃を超えることもあるが、乾燥しているため、快適に過ごすことができる。

TRAVEL PLAN:

3泊5日のプラン例

1日目： 成田発～ドバイ、アテネ乗り継ぎ～サントリーニ島へ
2、3日目： サントリーニ島滞在
4、5日目： サントリーニ島発～アテネ、ドバイ乗り継ぎ～成田着

周辺情報1 PERIPHERAL INFORMATION

ビーチ

島にはいくつかのビーチがあるが、最も ポピュラーなのが『カマリビーチ』だ。火山の噴火によってできているため、黒砂が最大の特徴。ビーチ沿いには、多数のレストランやカフェが建ち並び、海に食事にと地中海バカンスを楽しむことができる。

周辺情報2 PERIPHERAL INFORMATION

アテネ

西洋文明発祥の地ギリシャには世界遺産が17件もある。特に首都アテネのアクロポリスは有名だ。アクロポリスの丘には、女神アテーナーを祀るパルテノン神殿や美しい女神が並ぶエレクティオン神殿などがある。一生に一度は訪れたいアテネのスポットだ。

この旅の相談、手配先
ARRANGING THE TRIP

エス・ティー・ワールド
stworld.jp

日本を拠点としながらも、世界中にネットワークを持つ旅行会社。旅の日数や宿も含め、色々とアレンジできるので、まずは気軽に相談してみよう。豊富な種類のパッケージ旅行も魅力だ。

天国のモデル モーリシャス に溶けたい！

DREAM TRIP 05

インド洋の貴婦人と謳われる
神秘の孤島に身を委ねる旅

「モーリシャス」

Mauritius

モーリシャス
Mauritius

05 「モーリシャス」 Mauritius

天国のモデル・モーリシャス

「天国のモデル」と謳われるアフリカの東に浮かぶ小島、モーリシャス。そこから漂う上質な空気から「インド洋の貴婦人」とも称されている。アフリカ随一の経済力に加え、整備保全された自然環境、国民性に根付いたホスピタリティが世界中の旅人を魅了し続けている。
別次元とも言える『碧』が広がる海と白砂に包まれたこの楽園では、ビーチで寛いでいるだけでも素晴らしい時間を過ごせるが、海に入り少し沖合へと泳げば、一面の珊瑚礁と色彩豊かな熱帯魚の群れに簡単に出逢うことができる。あらゆるウォータースポーツも体験可能で、海底にガラスをはめ込んだグラスボトムボートに乗り込み海中冒険へと行くのも楽しい。そして、絶対に外してはならないのが、東海岸の沖合に浮かぶ小島『イル・オ・セルフ』だ。眩いブルーに輝く海と、島へと続く神秘の砂洲が紡ぐ絶景は必ず見ておきたい。
モーリシャスのもうひとつの魅力は、多様な島の自然環境。奇妙な形の山々と裾野には、サトウキビ畑、固有の植物や鳥類、野生動物が生息している原生林が生い茂る自然保護区が広がり、ライオンと一緒に森や草原を散歩できるという『カゼラ・ネイチャー&レジャーパーク』などが楽しめる。また、島の南西部にある不思議な大地『シャマル』は、草木のない大地が赤、赤紫、オレンジ、茶、黄土色……など7色に彩られている自然の芸術作品だ。
「天国のモデル」と謳われるのも納得の美しさを持つ島に身を委ね、溶ける旅へ。

いくらかかる？
How much?

16万円～

<大人1名分の総予算>

※旅の予算は本書プラン例の目安料金です。
※飛行機代、宿泊費、現地送迎、食事(朝3回)、一部ツアー代含む、燃油サーチャージ除く

どうやって行く？
How to get there

約18.5時間

<片道の合計時間>

日本からモーリシャスへの直行便はない。ドバイや香港、クアラルンプール、シンガポールなどで乗り継いで行く。成田～ドバイは約12時間、ドバイ～モーリシャスは約6時間30分。

いつがオススメ？
Trip Season

12月～2月

<ベストシーズン>

一年を通して温暖な気候で、南半球に位置するため、夏が12～4月(雨期)、冬が5～11月(乾期)となる。ベストシーズンは12～2月と言われているが、それ以外の時期も充分楽しめる。リーズナブルになることも魅力だ。

TRAVEL PLAN:

3泊5日のプラン例

1、2日目： 成田発～ドバイ乗り継ぎ～モーリシャス着
3～5日目： モーリシャス滞在、モーリシャス発～ドバイ乗り継ぎ～成田へ
6日目： 成田着

イル・オ・セルフ

東海岸の沖合に浮かぶ小さい無人島。隣のイル・ド・レストという島と近く、干潟になると白く美しい砂州が現れ、2つの島を結ぶ。ツアーに参加して訪問するのが一般的で、様々なマリンスポーツを楽しむことができる。日中はレストランやカフェもオープンしている。

ドバイ

長い渡航途中、乗り継ぎ地点であるアラブ首長国連邦のドバイで一休みするのがオススメ。中東の中でも開放的な雰囲気を持ち、高級ホテルも多数。世界一高いビルとして知られるブルジュハリファドバイや、高級ブランド店が軒を連ねる巨大ショッピングモールなど見所満載。

この旅の相談、手配先
ARRANGING THE TRIP

Five Star Club
www.fivestar-club.jp

世界中を手配範囲とする旅行会社。多種多様なテーマでのパッケージツアーに加え、オーダーメイドももちろん手配OK。Five Star Clubがプロデュースするこだわりの旅は、とても魅力的。まずは、気軽に連絡するところからはじめてみよう。

水上飛行機で
前人未踏の地
へ行きたい！

DREAM
TRIP
06

小型飛行機で自由に飛び回り、
アラスカの秘境を味わい尽くす旅

「アラスカ」
Alaska

アメリカ
USA

06 「アラスカ／アメリカ」 Alaska / USA

前人未踏の地が広がる秘境

広大で未開拓の自然が溢れるアラスカには、小型飛行機でしか行けない場所やできない体験が無数にある。日本人にとって小型飛行機はあまり馴染みがないが、アラスカではエアタクシーと呼ばれるほど身近な乗り物なのだ。操縦はアラスカの自然を熟知した『ブッシュパイロット』が行い、素敵な場所へと連れて行ってくれる。窓の外に広がる景色はもちろんだが、操縦する様子を間近に見ながら、彼らと交流し、空に生きる男たちのロマンも、ぜひ感じたい。
行き先は希望によって様々だ。世界最大の熊の聖地、カトマイ国立公園では、川を遡上する何千匹のサーモンの群れを追いかけ、獲って食べている巨大な熊を見ることができる。写真集やテレビでしか見たことのない憧れの光景が、目前に広がるのだ。他にも北米大陸最高峰のマッキンリー山を眼下に望んだり、氷河にランディングしたり。また、アラスカの原野を流れる川でのサーモン釣りや北極圏内に位置する人里離れた先住民村の訪問、白熊ウォッチングなど刺激に満ちた体験をすることができる。これらの以外にも多くの選択肢があるが、大空を舞うというロマンに差はない。ひとつでもふたつでも、可能な限り多くの場所を訪れよう。
飛行機でしか訪れることができない場所が多いことから、未だに大部分が前人未踏の地と言われているアラスカ。秘境と呼ぶに相応しい広大な大地を小型飛行機でダイナミックに飛び回り、この星の大きさを身体中で感じてみよう。

「アラスカ／アメリカ」

いくらかかる？
How much?

29万円～

<大人1名分の総予算>

※現地予算は本書プラン例、個人手配時の目安料金
※飛行機代、宿泊費、小型飛行機を利用する日帰りツアー代(3回分)、食事含む、燃油サーチャージ除く

どうやって行く？
How to get there

約12.5時間

<片道の合計時間>

成田からアラスカまでの直行便はないため、米国のシアトルやカナダのバンクーバーなどでの乗り継ぎが必要になる。夏期にチャーター便がでる場合があるので、その場合は直行便で行くことができる。成田～シアトルは約9時間、シアトル～アンカレッジは約3時間30分。

いつがオススメ？
Trip Season

6月～8月

<ベストシーズン>

ベストシーズンは6～8月頃。この時期でアラスカ最大の都市アンカレッジの平均気温は18℃ほど。一般的な夏のアラスカ旅行は5月中旬～9月中旬の4ヶ月の間とされている。紅葉が美しい9月頃もオススメだ。シーズンを外れると鉄道など様々なスケジュールが変わってくるので注意が必要となる。

TRAVEL PLAN:

7泊9日のプラン例

1日目： 成田発～米国1都市乗り継ぎ～アンカレッジ着
2～7日目： アラスカ滞在
8、9日目： アンカレッジ発～米国1都市乗り継ぎ～成田着

アンカレッジ

アラスカ観光の拠点となる、アラスカ州最大の都市。街の背後に全米で3番目に大きな州立公園があり、街に流れる小川にサーモンが遡上するほど、自然に恵まれている。1年を通して様々なアクティビティができる他、小型飛行機ツアーの拠点にもなる街だ。

バンクーバー

乗り継ぎ地をバンクーバーにするのもオススメ。カナダ西部の大都市で、世界各国の料理や街の近郊に溢れる自然などを楽しむことができる。キャピラノ渓谷にかかる吊り橋は、世界一長い歩行者用の橋で、全長は137m、高さは70mもあることで知られている。

この旅の相談、手配先
ARRANGING THE TRIP

HAI しろくまツアーズ
www.haishirokuma.com

アンカレッジを本拠地とする、アラスカ旅行のスペシャリストとして活躍してきた、日本語対応が可能な旅行会社。小型飛行機を使ったツアーの手配は、アラスカの旅行会社を通して手配するのが現実的なので、気軽にメールで問い合わせてみるところからはじめてみよう。

天空を映す夢幻世界で星空に包まれたい！

DREAM TRIP 07

足下まで360度に空が広がる
世界一の絶景『天空の鏡』で、星空に包まれる旅

「ウユニ塩湖」

Salar de Uyuni

ボリビア
Bolivia

07 「ウユニ塩湖／ボリビア」 Salar de Uyuni / Bolivia

すべてを写す天空の鏡

南米・ボリビアの標高3,692mの地点に存在する巨大な塩湖。“ウユニ塩湖”と呼ばれるそれは、長い年月をかけ地層に眠っていた大量の塩が、アンデス山脈形成時に地上に顔を出したもの。想像を遥かに凌駕する量の塩が見渡す限りの大平原に敷き詰められ、白銀の美しい世界を生み出している。
1月中旬から4月に雨期となるこの地では、期間限定でさらに素晴らしい光景が広がる。降り注いだ雨が地上に湛えられると、大地が天然の鏡のようになり空の色が映り込み、まるで雲の上にいるかのような上下対象の夢幻世界が生まれるのだ。真っ青な空も、純白の雲も、人も車も、その地に存在するすべてが映り込むこの神秘的な風景は「天空の鏡」「世界一の絶景」と称され、旅人に驚きと感動を与えている。
さらに、月の光がない新月の夜、風も吹かない天候に恵まれれば、満天の星が湖面に映り込み、足下まで360度パノラマの星空に包まれ、まるで宇宙遊泳をしているかのような信じられない光景が広がるのだ。
真っ白な塩と雨の恵みによって出現する世界は、天国か宇宙か。
すべてを映す天空の鏡は、地球上とは思えない程の別世界へと誘ってくれるだろう。

いくらかかる？ How much?

30万円～

＜大人1名分の総予算＞

※旅の予算は本書プラン例の目安料金です。
※飛行機代、宿泊費、現地送迎、食事(昼1回)、2・3日目のツアー代含む、燃油サーチャージ除く

どうやって行く？ How to get there

約22時間

＜片道の合計時間＞

日本からボリビアのラパスに行くには、米国の2都市で乗り継ぎが必要。一般的には、マイアミなど米国1、2都市で乗り継ぎラパスに入る。さらにウユニ塩湖へは国内線で行くことになる。片道の合計飛行時間は約22時間。ラパスからウユニの国内線は日によって出発時間が異なるので、同日の乗り継ぎができるかどうか確認してから飛行機の手配をしよう。

いつがオススメ？ Trip Season

1月～4月

＜ベストシーズン＞

天空の鏡と呼ばれる現象は、1月中旬～4月の雨期にのみ見ることができる。また欲を言えば、その期間の中でも月がでない新月の日を狙いたい。満天の星空が湖面に映り、まるで宇宙空間のような世界が広がる。

TRAVEL PLAN:

3泊7日のプラン例

1、2日目： 成田発～米国1、2都市乗り継ぎ～ラパス着
3、4日目： ラパス発～ウユニ着、ウユニ塩湖、ウユニ発～ラパス着
5～7日目： ラパス発～米国2都市乗り継ぎ～成田着

ラパス

ボリビアの事実上の首都。標高約3,600mの地点にあるため、雲の上の町とも呼ばれている。
観光客が集まるサガルナガ通りや、リャマの胎児のミイラなどあやしいものが並ぶ魔女の市場はぜひ歩きたい。

チチカカ湖

「汽船などが航行できる最高所の湖」として知られる、富士山よりも高い標高3,810m地点にある湖。この地に育つトトラという葦《あし》でできた人工の船や島が最大の見所。長きに渡って受け継がれてきた伝統が残る、水に浮かぶ村を楽しもう。

この旅の相談、手配先
ARRANGING THE TRIP

ism
shogai-kando.com

北米、南米、オーストラリアなど多くの地域をカバーしている旅行会社ism。パッケージ旅行はもちろん、オーダーメイドにも対応している。一生に一度の感動の旅をプロデュースしてくれる頼れる存在。まずは気軽に問い合わせてみよう。

地球が
生みだした
芸術的渓谷
に行きたい！

DREAM
TRIP
08

渓谷に射し込む幻想的な光と、
優雅な曲線美に出逢う旅

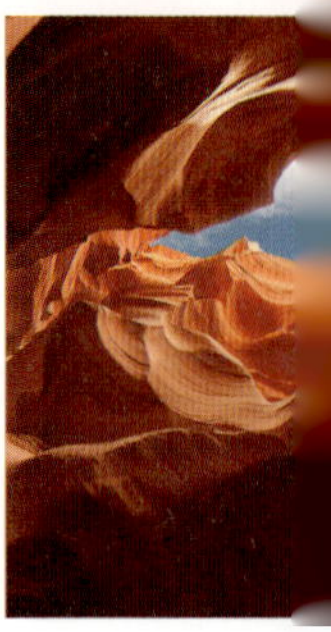

「アンテロープキャニオン」
Antelope Canyon

アメリカ
USA

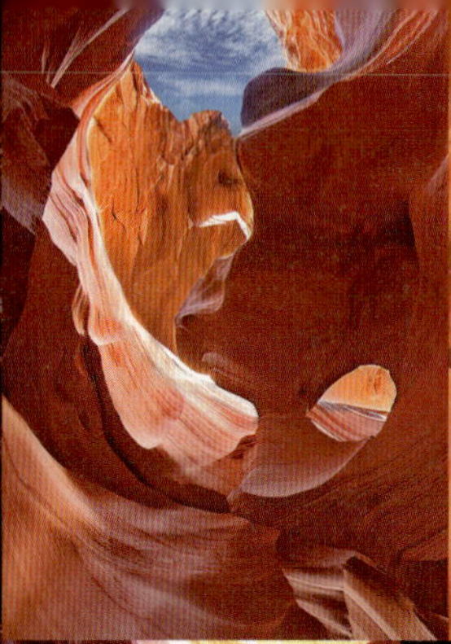

08 「アンテロープキャニオン／アメリカ」 Antelope Canyon / USA

祝福の光

アメリカ先住民族のナバホ族の許可がなければ立ち入れない場所であるアリゾナ州は、ナバホ族居留地。このエリアは砂漠気候のため、ほとんど雨が降らない。しかし、数10km離れた地に降り注いだ雨が川となり、この大地に流れてくる。それは、岩の細い切れ間を駆け巡り、岩肌を削りながら、出口を求めて流れ出て行く。そうした自然のサイクルによって、柔らかな砂岩に滑らかな曲線が描かれ、創り出されたのが、細き渓谷『アンテロープキャニオン』だ。
アンテロープキャニオンには、アッパーアンテロープとロウアーアンテロープというふたつの見所がある。多くの旅人はアッパーを訪れるが、迫力はロウアーの方が上とも言われている。ぜひともロウアーにも訪れたい。太陽が頭上付近に昇る正午前後、岩間には幻想的な光が射し込む。神々しいまでのその光景は、まるで神様からの祝福のように思えてしまうだろう。
周囲には、馬の蹄の形をした大渓谷のパノラマが広がる『ホースシューベンド』や数万年前に衝突した直径約300mの隕石によってできたクレーター『メテオクレーター』などもある。前者では、眼下に広がるコロラド川の見事なカーブが、後者は直径が約1kmもある大迫力のクレーターが見所だ。
数多の写真家も魅了される、地球が生み出した芸術的な渓谷と、周囲に点在する自然の驚異に出逢う旅へ。

「アンテロープキャニオン／アメリカ」

いくらかかる？ How much?

14万円〜

＜大人1名分の総予算＞

※旅の予算は本書プラン例の目安料金です。
※飛行機代、宿泊費、レンタカー代含む、食費、燃油サーチャージ除く

どうやって行く？ How to get there

約16時間

＜片道の合計時間＞

日本から旅の起点となるラスベガスまでの直行便はない。ラスベガスに行くにはロサンゼルスなどで乗り継ぐのが一般的。成田〜ロサンゼルスは約10時間15分、ロサンゼルス〜ラスベガスは約1時間15分。ラスベガスからアンテロープキャニオンまでは、車で約4時間30分。

いつがオススメ？ Trip Season

4月〜10月

＜ベストシーズン＞

冬の間は、とても寒くなる上に、道路が凍結する恐れもある。春から秋（4〜10月）の間が気候的にオススメだ。7〜9月はとても暑いので、水分補給等を忘れずに。

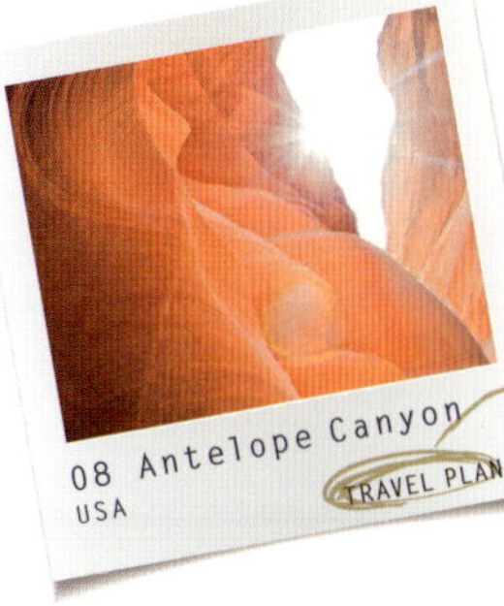

08 Antelope Canyon
USA
TRAVEL PLAN:

TRAVEL PLAN:

3泊5日のプラン例

1日目： 成田発〜米国1都市乗り継ぎ〜ラスベガス着、グランドキャニオンに移動
2、3日目： グランドキャニオンの朝日鑑賞、アンテロープキャニオン、ホースシューベンド、メテオクレーター観光、ラスベガスに移動
4、5日目： ラスベガス発〜米国1都市乗り継ぎ〜成田着

PERIPHERAL INFORMATION 周辺情報 1

モニュメントバレー

ユタ州とアリゾナ州にまたがる、アメリカを代表する原風景。果てしなき荒野を貫く一本道を飾る、記念碑（モニュメント）。真っ青な空に赤茶の大地、散在する天へ向け突き出す高さ約300mの巨大な岩山が点在する。

PERIPHERAL INFORMATION 周辺情報 2

ザイオン国立公園

グランドキャニオンと並ぶ、アメリカで最も古い公園のひとつ。壮大な岩によって創られた大渓谷を堪能することができる。多種多様なトレイルがあるので、体力と「何を見たいか」によってルートを決めよう。

この旅の相談、手配先 ARRANGING THE TRIP

ism
shogai-kando.com

北米、南米、オーストラリアなど多くの地域をカバーしている旅行会社ism。パッケージ旅行はもちろん、オーダーメイドにも対応している。一生に一度の感動の旅をプロデュースしてくれる頼れる存在。まずは気軽に問い合わせてみよう。

史上最大の豪華客船でクルーズしたい！

DREAM
TRIP
09

遊園地、映画館、カジノ、スパ、プール、劇場……
すべてが詰まった洋上に浮かぶ街に暮らしながら、
カリブ海を巡る旅

「カリブ海」
Caribbean sea

1st 12
2nd 12
3rd 12
EVEN
ODD

09 「カリブ海」 Caribbean sea

海に浮かぶ街

南北アメリカ大陸のちょうど中央に位置するカリブ海。かつては映画『パイレーツ・オブ・カリビアン』によって描かれたように海賊の舞台だった。しかし、現在では最高の休日を求める世界中の人々が訪れるリゾートエリアへと変貌している。最大の魅力は、年中温暖な気候やエメラルドグリーンの海、真っ白に輝くビーチ。絵に描いたような楽園がそこにはあるのだ。そんなカリブ海を満喫するのに最適な手段は、豪華客船でのクルーズ旅。いくつものクルーズ会社が存在するが、中でも史上最大の客船『オアシス・オブ・ザ・シーズ／アリュール・オブ・ザ・シーズ』の2隻がオススメだ。船内は客室をはじめ、遊園地や劇場、映画館、公園、レストラン、カフェをミックスしたような、なんでも揃う超空間。まさに海に浮かぶ街だ。快適な船内生活と共に、魅力なのが寄港地の数々だ。7泊8日でカリブ海に浮かぶ魅力的な島々をいくつも訪れることができる。その土地毎に伝承される民族舞踊や、ラフティングやダイビングなどの刺激溢れるアクティビティ、伝統料理に目を引く土産など寄港地の数だけ楽しみも増えていく。
乗船してしまえば、船内で遊んでいるだけで様々な所へ行けてしまうし、重いスーツケースを何度も運ぶ必要もないクルーズの旅は、純粋に遊びに集中できる舞台。一昔前は、高額なものが多くを占めていたが、現在はリーズナブルなものが多く気軽に参加できる時代になった。
家族連れやカップル、若者など老若男女が乗船する船旅は、新しい旅のスタイルと言っていいだろう。動く洋上の街に暮らしながら、エメラルドグリーンに輝くカリブ海を舞台に、遊びまくろう！

いくらかかる？ How much?

23万円～

＜大人1名分の総予算＞

※旅の予算は本書プラン例の目安料金です。
※飛行機代、宿泊費含む、現地送迎、一部食事、燃油サーチャージ除く

どうやって行く？ How to get there

約11.5時間

＜片道の合計時間＞

成田からクルーズ発着地であるフォート・ローダーデールまでは、ロサンゼルスなど米国1都市を乗り継ぐことになる。成田～ロサンゼルスは約10時間30分、ロサンゼルス～フォート・ローダーデールは約5時間。

いつがオススメ？ Trip Season

11月～7月

＜ベストシーズン＞

常夏の楽園ともいわれるように基本は一年中訪問可能だ。しかし、8～10月頃はハリケーンが発生しやすいシーズンとなるため、避けた方が無難。

TRAVEL PLAN:

9泊11日のプラン例

1日目： 成田発～米国1都市乗り継ぎ～フォート・ローダーデール着
2～9日目： クルージング（3～4つの港に寄港）
10、11日目： フォート・ローダーデール発～米国1都市乗り継ぎ～成田着

PERIPHERAL INFORMATION 周辺情報 1

バハマ

バハマにあるエルーセラ島・ハーバーアイランド。カリブ海で最も愛らしい島だ。きらきら輝く薄ピンク色のきめ細やかな砂が広がるビーチ『ピンクサンドビーチ』が有名だ。またバハマは野生のイルカに出逢えることでも知られているので、ドルフィンスイムも楽しめる。

PERIPHERAL INFORMATION 周辺情報 2

ジャマイカ

レゲエ発祥の地として知られ、街中には年中レゲエのリズムが溢れている。美しい海でのマリンアクティビティに加え、ボブ・マーリーの足跡巡り、ラム酒工場見学など楽しむことができる。モンテゴベイやオーチョリオスなどの街が過ごし易くオススメ。

この旅の相談、手配先 ARRANGING THE TRIP

ロイヤル・カリビアン・インターナショナル
www.royalcaribbean.jp

往復の航空券、クルーズの客室、クルーズ前後のホテル等は、オンラインで個人手配が可能だ。しかしクルーズが初めてで上記のオンラインだけでは不安だと思う人は、クルーズを取り扱う旅行会社に相談してみよう。

大地を
埋め尽くす
ひまわり畑
に包まれたい！

DREAM
TRIP
10

見渡す限り咲き乱れる、
太陽の花に囲まれる旅

「ひまわり畑」
Field of sunflowers

スペイン
Spain

10 「ひまわり畑／スペイン」 Field of sunflowers / Spain

太陽の花畑

コスタ・デル・ソル（太陽の海岸）の名称でも知られる、まばゆいばかりの陽光がふりそそぐスペイン南部、アンダルシア地方。セビリア、マラガ、グラナダ……それぞれ異なった歴史と趣をいただく町の叙情は、旅人を魅了して離さない。

そのアンダルシアの大地が、黄金色の輝きを見せるのは夏のはじめ。地平線の向こうまで、あたり一面を見渡す限りひまわりが埋め尽くす。澄みきった深く青い空の下で咲き誇る花々は、まさに圧巻の一言。

「黄色の絨毯」、「黄色の海」とも称される、世界でここでしか味わえない奇跡と出逢えるのは、一年のうちの限られたほんのわずかな時間だけ。青空の下に広がる黄色い大地。この自然のコントラストが生み出す絶景を見るために、時期を限定して訪れる旅人は多い。

周囲にはアンダルシア独特の白壁の街並みや、イスラム文化の傑作『アルハンブラ宮殿』、大航海時代の拠点となったセビリアの大聖堂など、世界遺産にも出逢うことができる。夜は、宮殿や古城を改装した『パラドール』に泊まり、翌朝、テラスからアンダルシア平原を眺める……なんて過ごし方もオススメだ。

雲ひとつない抜けるような青空、燦々と輝く太陽、そして、独特の白い村が続く、美しきアンダルシアに咲く、太陽の花畑に囲まれる旅へ。

「ひまわり畑／スペイン」

いくらかかる？ How much?

14万円～

＜大人1名分の総予算＞

※旅の予算は本書プラン例の目安料金です。
※飛行機代、宿泊費、現地交通費、セビリア発着のひまわり畑ツアー代含む、食費、マラガ、セビリア観光代、燃油サーチャージ除く

どうやって行く？ How to get there

約15時間

＜片道の合計時間＞

スペインまでは直行便が運行していない。アンダルシア地方の玄関口となるマラガへはフランスのパリで乗り継ぐのが便利だ。成田～パリは約12時間30分、パリ～マラガは約2時間30分の移動となる。

いつがオススメ？ Trip Season

5月～6月

＜ベストシーズン＞

アンダルシアのひまわりは、日本のひまわりの開花時期よりも早く、初夏（5月末から6月ごろ）の限られた期間にだけ咲く。5月頃から旅行会社に相談しながら、その年の一番の見ごろの時期に訪れるのがベター。

TRAVEL PLAN:

3泊5日のプラン例

1日目： 成田発～パリ乗り継ぎ～マラガ着
2、3日目： マラガ観光、マラガからセビリアに移動、ひまわり畑、セビリア観光
4、5日目： セビリアからマラガに移動、マラガ発～パリ乗り継ぎ～成田着

アルハンブラ宮殿

マラガから車で約2時間に位置する町、グラナダ。この町を代表する幾多の伝説の舞台となってきたアルハンブラ宮殿は、イスラム文化の最高傑作と呼ばれている。華麗な装飾が施された宮殿内部は、見どころが尽きない。

コルドバ歴史地区

セビリアから電車で約45分に位置する町、コルドバ。中世からその美しさで『西方の宝石』と呼ばれた。ローマ帝国やキリスト教徒、イスラム教徒など、この地にやってきた人々が彩る多様な文化がミックスされた建築物は必見だ。

この旅の相談、手配先 ARRANGING THE TRIP

エス・ティー・ワールド
stworld.jp

日本を拠点としながらも、世界中にネットワークを持つ旅行会社。旅の日数や宿も含め、色々とアレンジできるので、まずは気軽に相談してみよう。豊富な種類のパッケージ旅行も魅力だ。

気球に乗って 奇岩群 カッパドキア を眺めたい！

DREAM TRIP 11

世界最大の奇岩群カッパドキア、
悠久の時を経て創造された奇跡の景観を気球から望む旅

「カッパドキア」
Cappadocia

トルコ
Turkey

11 「カッパドキア／トルコ」 Cappadocia / Turkey

大地にそびえる奇岩群

東洋アジアと西洋ヨーロッパ。このふたつの世界の境界に位置することから、文化、習慣が混じり合い、独特の魅力を放っているトルコ。異国情緒をたっぷりと感じることができる国だ。
空の玄関口、イスタンブールから国内線で約1時間。奇岩群がそびえる、世界遺産カッパドキアがある。柔らかな地層の上に固い地層が被さった大地が広がり、奇跡とも言うべき景観が広がっている。それは、柔らかな地層が長い年月をかけて風や雨などで浸食されてできたもの。今もなお微妙にその姿を変化し続けている。この地にはキノコや煙突、ラクダなど、様々な形をした岩が多く存在している。中でも三姉妹の岩と呼ばれるしめじの形をした3本岩は、一躍カッパドキアを有名にしたことでも知られているもの。これらの地球の芸術には、ただただ驚くばかりだ。
他にも、迫害を受けたキリスト教徒達が巨大な岩をくり抜いて造った住居や教会『ギョレメ野外博物館』や、地下8階まであり、数千人が暮らしていた地下都市『カイマクル』などの見所も多い。また、岩をくり抜いて造られた『洞窟ホテル』での宿泊も、この旅の魅力のひとつだ。
この旅の一番のハイライトは、気球に乗ってカッパドキアを眺めるというもの。まだ日が昇る前にカッパドキアの上空へと浮かべば、徐々に朝日に染められる美しい景色を眼下に望むことができる。
文明の十字路とも呼ばれるトルコのエキゾチックな大地を旅しよう。

「カッパドキア／トルコ」

いくらかかる？
How much?

18万円～

＜大人1名分の総予算＞

※旅の予算は本書プラン例の目安料金です。
※飛行機代、宿泊費、現地送迎、食事(朝5回)、燃油サーチャージ含む

どうやって行く？
How to get there

約13時間

＜片道の合計時間＞

トルコの玄関口イスタンブールまで直行便が運行している。成田～イスタンブールは約12時間。また、カッパドキア最寄りの空港カイセリまでは、イスタンブールから国内線で約1時間。

いつがオススメ？
Trip Season

4月～9月

＜ベストシーズン＞

日本のように四季があるトルコ。訪れる地域によって、ベストシーズンは若干異なる。本書で紹介しているカッパドキアであれば、4～9月頃がオススメ。日本に比べて湿度が低いので、夏でも快適に過ごしやすいのが特徴だ。

TRAVEL PLAN:

5泊7日のプラン例

1～2日目： 成田発～イスタンブール着、イスタンブール観光
3～5日目： イスタンブール発～カイセリ着、カッパドキア観光、カイセリ発～イスタンブール着
6、7日目： イスタンブール発～成田着

周辺情報 1 PERIPHERAL INFORMATION

パムッカレ

綿の城という意味を持つパムッカレには、真っ白な石灰棚が広がっている。湧き出る温泉に足を入れながら楽しむことができるトルコの絶景のひとつだ。イスタンブールからパムッカレ観光の拠点デニズリまでは、国内線で1時間30分ほど。

周辺情報 2 PERIPHERAL INFORMATION

エフェス

古代ローマの都市がそのまま残る大規模な遺跡。保存状態がとてもいいことも特徴のひとつで、当時の人々の生活を垣間見ることができる。イスタンブールからエフェス観光の拠点セルチュクまでは、国内線で1時間ほど。

この旅の相談、手配先
ARRANGING THE TRIP

H.I.S
www.his-j.com

日本全国にあるH.I.Sの営業所にて旅の相談や手配が可能だ。トルコにも支店があるので、現地入りしてから困ったことなどがあった場合、すぐに連絡できるので心強い。日本でも、現地でも頼りになる旅行会社だ。

地底湖で
光のカーテン
に包まれたい！

DREAM
TRIP
12

神々しい光が射し込む水中で、
奇跡のダイビングを体験する旅

「セノーテ」
Cenote

メキシコ
Mexico

12 「セノーテ/メキシコ」 Cenote / Mexico

光のカーテン

メキシコ東部から、メキシコ湾とカリブ海を隔てるように突き出しているユカタン半島。石灰岩から成る起伏の少ない大地が広がっている。そこは、浸透していく雨水によってたくさんの陥没穴ができ、水が溜まることで天然の井戸や泉が形成されている。これらの緑色や青色の美しい水を湛えた泉は『セノーテ』と呼ばれ、周辺に大小いくつもが点在している。
その中のひとつ、ユカタン半島で最も美しいと言われるのが『グラン・セノーテ』だ。ジャングルの中に突如として開いた穴に、透明度100m以上とも言われる水を湛え、碧々と輝いている。ウェットスーツに身を包み水中を覗いてみれば、強烈に射し込む光によって生み出された、神々しい世界が広がっている。
ダイビングライセンスを所持していない人でもシュノーケリングで楽しむことができるが、ダイビングをすれば、より奥深く探検ができる。可能であれば日本出発前に取得しておきたい。また、まったく泳げない人でもビート板の準備があるので、安心して楽しむことが可能だ。
まるで旅人を祝福してくれているような“光のカーテン”が舞う水中世界。静寂に包まれた地底湖に潜り、絶景の中を泳ごう。

いくらかかる？
How much?

17万円〜

＜大人1名分の総予算＞

※旅の予算は本書プラン例の目安料金です。
※飛行機代、宿泊費、現地送迎、食事(昼1回)、2･3日目のツアー代、セノーテ入園料、ウェットスーツレンタル代含む、燃油サーチャージ除く

どうやって行く？
How to get there

約14.5時間

＜片道の合計時間＞

成田からメキシコのカンクンまで直行便はない。米国1都市（ダラスやヒューストン、ニューヨークなど）を乗り継いでいくことが一般的だ。成田〜ダラスは約12時間、ダラス〜カンクンは約2時間30分。

いつがオススメ？
Trip Season

5月〜9月

＜ベストシーズン＞

一年を通して水温が24〜25℃とほとんど変化しないので、いつでも泳ぐことができる。しかし、オススメはやはり、強い日射しがより一層セノーテを輝かせる夏期(5〜9月)だ。

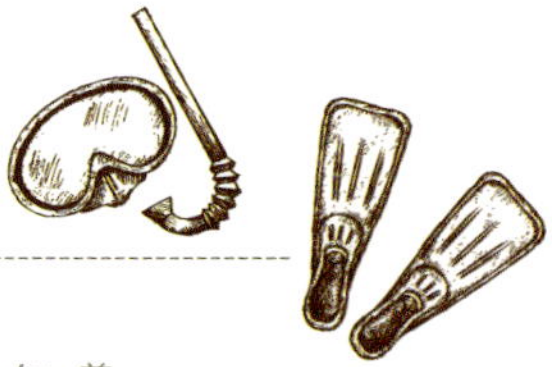

TRAVEL PLAN:

3泊5日のプラン例

1日目： 成田発〜ダラス乗り継ぎ〜カンクン着
2、3日目： セノーテ、トゥルム遺跡、プラヤ・デル・カルメン、コスメル島観光
4、5日目： カンクン発〜ダラス乗り継ぎ〜成田着

コスメル島

カンクンから車で南へ約1時間、そこからフェリーで約40分。コスメル島内のチャンカナブ国立公園には、白い砂浜に椰子の木にハンモックという南国の風景が広がる。シュノーケルで水中散歩したり、イグアナと戯れたりして遊ぶことができる。

チチェン・イッツァ

マヤの人々が創り上げたピラミッド『チチェン・イッツァ』。カンクンから車で約2時間30分の位置にある。ピラミッドのみならず、精巧な壁画なども見応え抜群。世界遺産にも登録されたマヤを代表する遺跡。

この旅の相談、手配先
ARRANGING THE TRIP

Queen Angel
www.queenangel.com

現地、カンクンに拠点を置くツアー会社。ダイビングだけでなく、送迎やホテル、各種カンクンでのツアーも手配可能だ。すべて日本語でOKなので、問い合わせ時も現地でも、心強い。

キャンピングカーでアメリカ大陸を旅したい！

DREAM TRIP 13

宿と移動を兼ね備えた快適な
モーターホームでアメリカ大陸を巡る旅

「北アメリカ大陸」
North American Continent

アメリカ
USA

13「北アメリカ大陸／アメリカ」 North American Continent / USA

アメリカの大地

広大な国土を持つアメリカでは、「モーターホーム」と呼ばれる大型キャンピングカーの旅が、ひとつのスタイルとして確立している。全米各地に給水や排水、電源などが備わる専用のキャンプ場が整備されていて、快適にアメリカ大陸を縦横無尽に駆け巡ることが可能なのだ。
モーターホームは定員4名の小型車から11名の大型車まで、種類は様々。基本的にトイレやシャワー、キッチン、冷蔵庫、エアコン、テレビ、電子レンジが装備され、ほぼ自宅と変わらない。さながら「動く部屋」と言える。加えて釣竿やスポーツ用品、マリングッズ、BBQセット、自転車などを積み込めば、遊び方も無限に広がる。
自由気ままにどこへでも行けるが、ある程度のルートを決めておいた方がスムーズな旅となるのは間違いない。大迫力の自然が広がるアメリカ西部のグランドサークル周遊や、隣国カナダを出発してアラスカへと続くアラスカハイウェイ、西海岸の海沿いを南北に走るパシフィックコーストハイウェイ、年中温暖な気候が特徴的なリゾート地フロリダなど旅したくなるエリアは多岐に渡る。また、ロサンゼルスからニューヨークまで横断というのもぜひトライしたい旅だろう。少なくとも1週間以上を確保してのんびりとドライブしたい。宿とレンタカーを兼ねる旅人専用の車は、好きな時に、好きな場所へと自由に連れて行ってくれる最高の相棒となる。
一度体験したら間違いなく病みつきになる、魅力いっぱいのモーターホームで巡る旅へ。

「北アメリカ大陸／アメリカ」

いくらかかる？
How much?

13万円～

＜大人1名分の総予算＞

※大人4人で参加した場合の1名分料金です。
※旅の予算は本書プラン例の目安料金です。
※飛行機代、モーターホームレンタル代、ガソリン代、キャンプ場利用料含む、食事、燃油サーチャージ除く

どうやって行く？
How to get there

約10.5時間

＜片道の合計時間＞

スタートの場所によって移動時間は異なる。ロサンゼルスを拠点とする場合、日本からは直行便が運行している。成田～ロサンゼルスは約10時間15分。

いつがオススメ？
Trip Season

5月～10月

＜ベストシーズン＞

気候や航空運賃、モーターホームの料金などを考慮すると、5月のゴールデンウィーク明けから6月いっぱいと9、10月がオススメ。値段は少々上がってしまうが、夏真っ盛りの7、8月も素晴らしい。

TRAVEL PLAN:

6泊8日のプラン例

1日目： 成田発～ロサンゼルス着、モーターホームレンタル
2～6日目： ロサンゼルスやサンフランシスコなどの西海岸周遊
7～8日目： モーターホーム返却、ロサンゼルス発～成田着

セドナ

大昔からネイティブアメリカンの聖地として崇められてきたアリゾナの秘境。地球のエネルギーが湧き出ている場所＝ボルテックスが数多く存在することで、パワースポットとして知られている。身も心もリフレッシュさせよう。

グランドキャニオン

アリゾナ州北部にある大渓谷。東西に流れるコロラド川が気の遠くなるような年月をかけて、岩山を削り創ったもの。人類の誕生以前からこの大地を見守ってきた存在感はとても神秘的。その壮大なスケールを眺めよう。

この旅の相談、手配先
ARRANGING THE TRIP

トラベルデポ
www.motor-home.net

車の手配はもちろん、車の取り扱いから、ルート作り、キャンプ場の手配まで、豊かな経験で丁寧に相談に乗ってくれる日本で唯一の「モーターホームの旅」専門旅行会社。出発前に日本語の『取り扱いマニュアル』をもらえるので安心して旅に出発することができる。

世界最高のドルフィンスイムをしたい！

DREAM TRIP 14

透き通るバハマの海を船で放浪しながら、野生のイルカと泳ぐ旅

「バハマ」

Bahamas

バハマ
Bahamas

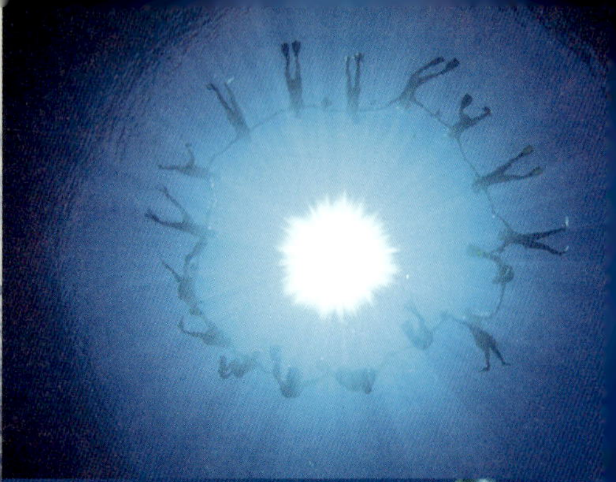

14 「バハマ」 Bahamas

世界最高のドルフィンスイム

アメリカはフロリダ州の南東部に位置する街ウエストパームビーチから、船で約6時間の航海を経て辿り着く、常夏の楽園バハマ。700以上もの島々で構成されるこのバハマ諸島北部に、イルカの生息地がある。イルカとの遭遇頻度や水質、水温、どれをとっても世界一を誇り、同時にこの地に暮らすイルカは世界一フレンドリーだと言われている。かつて宝を積んだ船が幾隻も沈没し、それを狙った人間が潜っているうちにイルカも人間を警戒しなくなったという説があるが、いずれにせよ驚嘆に値するほどフレンドリーなイルカに出逢うことができるのだ。
南国の日射しに照らされて輝く、どこまでも透き通るカリブ海。その真ん中を数日間クルージングすれば幾度もイルカの群れに出逢うだろう。そして、海面下の別世界へと潜れば、珊瑚の群生と真っ白な砂の海底、そして無邪気に泳ぎ回るイルカの姿がある。言葉を用いない特別なコミュニケーション能力が備わると言われているイルカは、こちらが望むように一緒に泳いでくれることもしばしば。間近でじゃれてくるイルカたちに癒され、そして感動するだろう。
泳ぎに自信がない人でも安心して参加できるのが、このドルフィンスイム。事前にインストラクターと共に練習ができることに加え、ライフジャケットを着用しながらでも楽しめるからだ。
突き抜けるような青空の下、クルーズ船での航海は、イルカとの出逢いだけでなく、美味しい食事に、豊かな時間を供してくれる贅沢な日々となる。
世界一のドルフィンスイムが体験できる、常夏のバハマの海へとダイブしてみよう。

いくらかかる？ How much?

29万円～

＜大人1名分の総予算＞

※現地予算は本書プラン例、個人手配時の目安料金
※飛行機代、宿泊費、クルーズ代含む、一部食事、燃油サーチャージ除く

どうやって行く？ How to get there

約14.5時間

＜片道の合計時間＞

成田からは、米国のアトランタなどで乗り継ぎ、同国のパームビーチへ。そこからバハマまで船で移動し、クルーズ船で出発となる。成田～アトランタは約12時間30分、アトランタ～パームビーチは約1時間45分。

いつがオススメ？ Trip Season

6月～7月

＜ベストシーズン＞

バハマ、カリブ海でのドルフィンスイムは、6、7月が最も海が穏やかな時期。イルカの遭遇率も高いので、多くの旅行会社やダイビングショップがこの時期を狙ってツアーを実施する。運がよければクジラと出逢えることも。

TRAVEL PLAN:

8泊10日のプラン例

1日目： 成田発～米国1都市乗り継ぎ～パームビーチ着
2～7日目： ドルフィンクルーズ
8～10日目： パームビーチ発～米国1都市乗り継ぎ～成田着

周辺情報 1 PERIPHERAL INFORMATION

オーランド

ウエストパームビーチから北へ約220㎞、バスで約3時間の距離にある街。敷地面積が東京の山手線内の1.5倍という驚愕の広さを誇るウオルト・ディスニー・ワールドや、ユニバーサル・スタジオ、シー・ワールドなどの世界最大級テーマパークが勢揃いしている。

周辺情報 2 PERIPHERAL INFORMATION

マイアミ

ウエストパームビーチから南へ約100㎞に位置する、フロリダ最大の都市。キューバからの移民が多く、中南米への玄関口でもあることから、ラテンアメリカ文化が色濃く感じられる。また近郊にはマナティが生息する世界遺産、エバーグレース国立公園もある。

この旅の相談、手配先 ARRANGING THE TRIP

PLAY THE EARTH
www.play-the-earth.com

バハマなどでのドルフィンスイムをはじめ、ジープ島滞在ツアーなど、実際にスタッフが体験し、面白いと思ったものをツアーにしている旅行会社。もちろん個人手配も可能。実際にスタッフの多くもドルフィンスイムの経験を持つので、気軽に相談してみよう。

世界一
美しい海岸線
を眺めたい!

DREAM
TRIP
15

紺碧の海に面した断崖絶壁が囲む港町で、
地中海の風に吹かれる旅

「アマルフィ」
Amalfi

イタリア
Italy

15 「アマルフィ／イタリア」 Amalfi / Italy

世界一美しい海岸線

ローマ、ミラノに次ぐイタリア第三の都市ナポリ。同国南西部に位置するこの街の南に、「世界一美しい海岸線」と言われるアマルフィコーストはある。その長さは約40km、ソレントやポジターノ、ラヴェッロ、アマルフィ、サレルノといったいくつもの街が点在するこの海岸線一帯は、その育まれた歴史から世界文化遺産に登録されている。入り組んだ海岸線にコバルトブルーの海と緑輝く山、そして斜面に張り付くよう並ぶ家々が紡ぐ光景は、まさに世界一の美しさと言えるだろう。
その海岸線で一番大きな街がアマルフィ。10世紀頃、中東やアフリカに近いという地理的要因から、海洋貿易で繁栄を遂げた街で、現在でもその栄華にふれることができる。そして、断崖絶壁に囲まれた山の斜面に張り付くように築かれたアマルフィの街並みは、紺碧の地中海と白く塗られた家々が相まって、見事な景観を紡ぎ出している。
名産になっているレモンやオリーブは、急斜面を利用して作られた段々畑で育てているもの。特にそのレモンを使って作られるリモンチェッロ（レモンのリキュール）は、訪れたからには絶対に欠かせない。地中海の豊かな海の幸と共に味わおう。
ギリシャ神話の英雄ヘラクレスが、愛する女性を亡くした際に、世界一美しい場所に埋葬するために切り開いたとも言われている街、アマルフィ。南イタリアに輝く海岸線を堪能する旅へ。

いくらかかる？ How much?

21万円～

＜大人1名分の総予算＞

※旅の予算は本書プラン例の目安料金です。
※飛行機代、宿泊費、食事（朝3回）含む、現地送迎、燃油サーチャージ除く

どうやって行く？ How to get there

約16時間

＜片道の合計時間＞

成田からイタリアの首都ローマまで直行便が運行している。成田～ローマは約12時間50分。そこからイタリア南部の都市ナポリまで列車で約1時間、ナポリからアマルフィまでは車で約2時間。

いつがオススメ？ Trip Season

5～7月 9～10月

＜ベストシーズン＞

町の散策には、暑い時期と寒い時期を避けた5～7、9、10月がいいシーズンだ。アマルフィは晴天が多く散策にはもってこいの街だが、日射しが強いので日除け対策はしっかりとしていこう。

TRAVEL PLAN:

3泊5日のプラン例

1日目： 成田発～ローマ着
2、3日目： アマルフィ滞在
4、5日目： ローマ発～成田着

周辺情報 1 PERIPHERAL INFORMATION

アマルフィコーストの街

アマルフィの西に位置するポジターノ。カラフルな家々が肩を寄せ合うように斜面に建てられている街並みが特徴だ。またアマルフィの北東には、紺碧の地中海を一望できる「海よりも空が近い街」と呼ばれるラヴェッロがある。どちらも時間が許せば訪れたい。

周辺情報 2 PERIPHERAL INFORMATION

ローマ

「永遠の都」と呼ばれるほど歴史豊かな町で、世界遺産の宝庫とも言われている。映画『ローマの休日』のロケ地としても知られるスペイン広場やトレビの泉、真実の口などの有名観光地は、半日もあれば巡ることができる。名物のジェラートを片手にローマの石畳を歩こう。

この旅の相談、手配先 ARRANGING THE TRIP

エス・ティー・ワールド
stworld.jp

日本を拠点としながらも、世界中にネットワークを持つ旅行会社。旅の日数や宿も含め、色々とアレンジできるので、まずは気軽に相談してみよう。豊富な種類のパッケージ旅行も魅力だ。

世界最大の珊瑚礁地帯の絶景を見たい！

DREAM TRIP 16

グレートバリアリーフで
奇跡の絶景に出逢う旅

「ハミルトン島」
Hamilton Island

オーストラリア
Australia

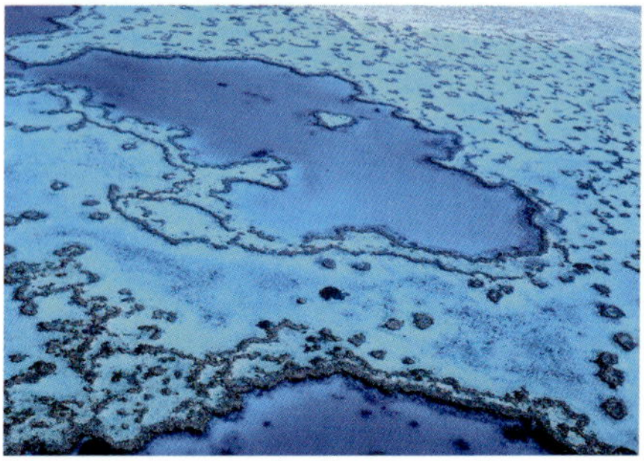

16 「ハミルトン島／オーストラリア」 Hamilton Island / Australia

世界一の珊瑚礁地帯

オーストラリア北東岸。2,000km以上もの全長を持つ、世界最大の珊瑚礁地帯グレートバリアリーフ。その大きさから「宇宙から認識できる唯一の生命体」とも言われている。
そのほぼ中央に位置するウィットサンデー諸島にあるハミルトン島は、唯一滑走路を備える島だ。島内には無料のシャトルバスが走り、プール、レストラン、スーパーマーケット、お土産店、バー、ナイトクラブなどが揃い、コアラを抱ける動物園もある。シュノーケリングやダイビングなどのマリンスポーツや、ゴルフ、遊覧飛行など、多種多様のアクティビティが揃っていることでも有名で、「小さなオーストラリア」と呼ばれている魅力的な島なのだ。
特筆すべきは、ここを拠点に出逢える素晴らしい絶景。まるで人工物のようなハート型の珊瑚礁『ハートリーフ』や、『ヒル・インレット』と呼ばれる河口部に堆積した白砂と碧い海水が混じりあって作られた縞模様は、息を呑む美しさ。どちらも水上飛行機からの眺めることになるが、ヒル・インレットから続く天国のビーチという名前が付けられた白砂の『ホワイトヘブンビーチ』には降り立つことができる。6㎞にもわたる真っ白なシリカサンドが実に美しく、「世界で最も美しい」と称されている。
広大な珊瑚礁地帯を泳げば色とりどりの魚やウミガメと出逢い、飛行機で空へと飛び立てば、珊瑚礁が描く絶景を望むことができる。奇跡とも言える、自然が作り出した別世界へ。

「ハミルトン島／オーストラリア」

いくらかかる？ How much?

25万円〜

＜大人1名分の総予算＞

※旅の予算は本書プラン例の目安料金です。
※飛行機代、宿泊費、現地送迎、一部ツアー代含む、食事、燃油サーチャージ除く

どうやって行く？ How to get there

約9時間

＜片道の合計時間＞

成田からハミルトン島まで直行便はない。オーストラリアのケアンズ又はシドニーで乗り継いで行くことが一般的。成田〜ケアンズは約7時間40分、ケアンズ〜ハミルトン島は約1時間30分。

いつがオススメ？ Trip Season

9月〜11月

＜ベストシーズン＞

南半球にあるオーストラリアは日本と季節が真逆になる。そのため、春は9〜11月、夏は12〜2月、秋は3〜5月、冬は6〜8月となる。ハミルトン島へは1年を通して訪れることが可能だが、夏の間は雨期にあたるので、海の透明度が最も上がることから春がベストシーズンと言える。

16 Hamilton Island
Australia
TRAVEL PLAN:

TRAVEL PLAN:

3泊5日のプラン例

1、2日目： 成田発〜ケアンズ乗り継ぎ〜ハミルトン島着
3、4日目： ハミルトン島滞在、ケアンズ滞在
5日目： ケアンズ発〜成田着

ケアンズ

グレートバリアリーフの玄関口としても知られる街。買い物も食事ももちろん楽しめる。メインストリートとなるエスプラネード通りは地元民にも愛される海岸通り。カフェなどもあるので、のんびり散策を楽しもう。

キュランダ

ケアンズから車で1時間ほどの場所にある、世界最古の熱帯雨林に囲まれた村。一帯が世界遺産に登録されている。村には工芸品のお店などがあるが、実はこの村へ行くために乗車する高原列車が一番のハイライト。素晴らしい熱帯雨林の景観を望むことができる。

この旅の相談、手配先 ARRANGING THE TRIP

ism
shogai-kando.com

北米、南米、オーストラリアなど多くの地域をカバーしている旅行会社ism。パッケージ旅行はもちろん、オーダーメイドにも対応している。一生に一度の感動の旅をプロデュースしてくれる頼れる存在。まずは気軽に問い合わせてみよう。

ジャングル奥地の洞窟を冒険したい！

DREAM TRIP 17

太古の原生林に点在する、
地下世界を冒険する旅

「グヌン・ムル国立公園の洞窟群」
Gunung Mulu national park

マレーシア
Malaysia

17 「グヌン・ムル国立公園の洞窟群／マレーシア」 Gunung Mulu national park / Malaysia

ジャングル奥地の地下世界

マレーシア、インドネシア、ブルネイの3カ国が領土を分け合うボルネオ島。そのマレーシア領内中部、陸路では行くことができない熱帯雨林の奥深くにグヌン・ムル国立公園はある。ここは、東京都23区がすべて入るほどの広大な国立公園。ムル山とアピ山のふたつの山頂を中心に広がっていて、渓谷では、木から木へと架けられた吊橋を渡るキャノピウォークを楽しむことができる。
広がるジャングルは太古の原生林で、その6割は今なお未踏だと言う。公園内には無数の洞窟があり、石灰岩が美しいラングスケイプ、鍾乳洞の列柱が見事なウィンドケイプ、全長100kmを超えるクリアウォーターケイプ、そして開口部の高さが120m、幅175mにも及ぶ巨大なディアケイブなどがある。
ディアケイブでは、夕刻になると、数百万匹ものコウモリが一斉に洞窟を飛び出してくる姿を見ることもできる。連なりながら右へ左へと旋回してく様は、ドラゴンダンス＝龍の踊りと呼ばれ、まさに圧巻。大迫力の龍の舞を堪能しよう。
またグルン・ムル洞窟群では、通常の洞窟観光とは異なり、登ったり、降りたり、這ったりしながら、洞窟内を進んでいく、冒険心をくすぐられるアクティビティ、アドベンチャー・ケービングも可能だ。洞窟によっては水中を歩くものや暗闇の中を進むものなど、所要時間も難易度もそれぞれ。自分にあったスタイルで、ジャングルの奥地に点在する地下世界を冒険しよう。

いくらかかる？ How much?

11万円〜

＜大人1名分の総予算＞

※旅の予算は本書プラン例の目安料金です。
※飛行機代、宿泊費、現地送迎、食事（朝2回、昼3回、夕2回）、2・3日目のツアー代含む、燃油サーチャージ除く

どうやって行く？ How to get there

約12時間

＜片道の合計時間＞

グヌン・ムル洞窟群の最寄りの空港はムル空港。そこまでの直行便はないので、マレーシアの首都クアラルンプール、ボルネオ島のコタキナバルを乗り継ぐことになる。成田〜クアラルンプールは約7時間30分、クアラルンプール〜コタキナバルは約2時間30分、コタキナバル〜ムルは約1時間45分。

いつがオススメ？ Trip Season

3月〜11月

＜ベストシーズン＞

熱帯雨林気候で、年間平均気温が32℃と一年中常夏。雨期（12〜2月）と乾期（3〜11月）に別れているが、乾期でもスコールはよく降る。しかし雨期と比べれば降水量はやはり少なくなるので、乾期の時期に訪れるのがオススメ。

TRAVEL PLAN:

3泊5日のプラン例

1日目： 成田発〜クアラルンプール乗り継ぎ〜コタキナバル着
2、3日目： コタキナバル発〜ムル着、洞窟散策、ドラゴンダンス鑑賞、キャノピーウォーク体験
4、5日目： ムル発〜コタキナバル、クアラルンプール乗り継ぎ〜成田着

キャノピーウォーク

鬱蒼と生い茂るジャングルの中に設置されたキャノピーウォーク。地上からの高さ約20mに浮かぶ遊歩道だ。長さは480mとボルネオで最も長く、昆虫や鳥たちと出逢える空中遊覧を楽しむことができる。

コタキナバル

ボルネオ島の玄関口。東マレーシアを代表する商業都市でもある。海に面した約60mものウッドデッキがあるウォーターフロントが人気。レストランやバーも軒を連ねている。マレーシアの繁華街の空気にふれてみよう。

この旅の相談、手配先 ARRANGING THE TRIP

㈱ジスコ・ボルネオ旅行社
jisco.borneotravel.jp/

「ボルネオのことしか出来ませんが、ボルネオのことなら何でもお任せください」がキャッチフレーズの、東京にあるボルネオ専門の旅行会社。現地に強いネットワークを持っているので、ボルネオに行く際は、とても心強い。質問も手配も気軽に連絡してみよう。

犬ゾリに乗って
オーロラ
を観に行きたい！

DREAM
TRIP
18

北極圏を舞う極上の光のショーを求めて、
犬ゾリを走らせる冒険の旅

「ラップランド」
Lapland

フィンランド
Finland

18「ラップランド／フィンランド」 Lapland / Finland

犬ゾリに乗って出逢うオーロラ

北欧3カ国が並ぶスカンジナビア半島北部に加え、ロシアのコラ半島に広がるラップランド地方。この旅はその一部、フィランランド最北のリゾート地であるレヴィから始まる。北緯67度、北極圏内に位置するこの町は、12月は太陽が一切昇らない極夜（白夜の反対）になり、オーロラ鑑賞にはもってこいの場所なのだ。一生に一度は観たい極上のオーロラを最高の条件で観るために、そして冬の北極圏の魅力をおもいっきり堪能するためにオススメなのが、犬ゾリだ。片道50kmの距離を犬ゾリに乗って走り、大自然に包まれた秘境の森のコテージに泊まって、空一面に広がるオーロラを独り占めにしてしまう旅。しかも、犬ゾリは自分自身で操作する本格派！　もちろん道案内のガイドがついてくれるので迷ったりする心配はない。真っ白い雪に覆われた静かな森、一面に広がる樹氷のパノラマ、凍った河や湖……厳しくも美しい大自然の中を冒険家のように疾走しよう。泊まるのは静寂に包まれた秘境の森に建つキャビン。風の音しか聞こえない夜、北の空に神秘的に舞うオーロラが出現したら、それは一生ものの体験になる。他にもレヴィでは、トナカイが引っ張るソリに乗っての森林散歩やスノーモビルで雪上ツーリング、スキーにスノーボートと豊富なウインターアクティビティが揃っている。さらに、サンタクロースの故郷としても知られるロヴァニエミには、サンタクロース村や先住民族サーミの文化を展示する博物館見学、北欧デザインの家具や雑貨ショッピングなど、遊びには事欠かない。
北極圏で極上のオーロラに出逢い、そして遊び尽くすラップランドの旅へ。

いくらかかる？
How much?

29万円～

＜大人1名分の総予算＞

※旅の予算は本書プラン例の目安料金です。
※飛行機代、現地ツアー代、食事含む、燃油サーチャージ除く

どうやって行く？
How to get there

約12.5時間

＜片道の合計時間＞

成田からフィンランドの首都ヘルシンキまで直行便が運行している。そこから国内線でレヴィ最寄りのキッティラへ行くことになる。成田～ヘルシンキは約10時間20分、ヘルシンキ～キッティラは約1時間30分。キッティラからレヴィは車で約30分。

いつがオススメ？
Trip Season

9月～4月

＜ベストシーズン＞

オーローラが観測できるのは9～4月。中でも観賞率が高いと言われているのが、天候が比較的安定する9、10、2、3月。可能であればこの4ヶ月の中で、またオーロラ鑑賞の機会を最低で3日は作りたい。そうすればオーロラに出逢えるチャンスが増えるからだ。

TRAVEL PLAN:

6泊8日のプラン例

1日目： 成田発～ヘルシンキ乗り継ぎ～キッティラ着、レヴィに移動
2～5日目： レヴィ、犬ゾリ1泊2日ツアー、オーロラ鑑賞
6～8日目： キッティラ発～ヘルシンキ乗り継ぎ～成田着

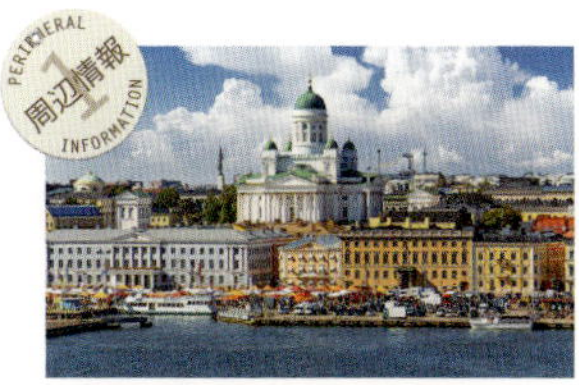

ヘルシンキ

フィンランドの首都で「バルト海の乙女」との別名を持つ。街中には北欧らしく洗練されたデパートやデザイン、アンティークショップなど、バラエティに富んだ店が所狭しと並ぶ。乗り継ぎ地がヘルシンキとなるだけに、ぜひとも歩きたい。

アイスホテル

フィンランドの隣国スウェーデン北部のキルナ近郊、ユッカスヤルヴィにあるホテル。客室、ベッド、テーブル、グラスなど、すべてが氷で作られているホテル。極寒地使用の寝袋が用意されているので、氷点下の世界で宿泊することができる。

この旅の相談、手配先
ARRANGING THE TRIP

フィンツアー
www.nordic.co.jp

北欧一筋30年以上もの歴史を持つ旅行会社。北欧のプロフェッショナルなので、パッケージツアーも個人手配も得意としている。現地滞在時には24時間日本語電話サポートを用意するなど、北欧に行く際はとても頼りになる存在だ。

世界一の豪華列車でアフリカ最南端へ行きたい！

DREAM TRIP 19

走る5つ星ホテル『ブルートレイン』で、
アフリカの大地を駆け抜ける1600kmの旅

「ブルートレイン」
Blue train

南アフリカ
South Africa

19 「ブルートレイン／南アフリカ」 Blue train / South Africa

世界一の豪華列車

アフリカ南端に位置する国、南アフリカ。その首都プレトリアから最南端の都市ケープタウンを繋ぐ列車、それがブルートレインだ。約1,600kmもの距離を駆け抜けるそれは、ギネスブックで「世界一の豪華列車」として紹介され、「走る5つ星ホテル」とも呼ばれている。
この列車には客室をはじめ、高級レストランのようなダイニングカー、展望が美しいカンファレンスカー、ショップやバーラウンジなどの車輌がある。浴室が備わる優雅な客室や一流シェフが調理する極上の食事やドリンク飲み放題に加え、スタッフのきめ細かいサービスが5つ星を名乗るに相応しい。客室から窓の外を眺めれば、広大なワイン畑、様々な野生動物、湖で戯れる無数のフラミンゴ、延々と続く草原などが次々と移りゆく。まるで、アフリカの美しい大地を切り取った絵画のようだ。また、途中下車してぶらり旅もできるのがこの列車の魅力のひとつ。ダイヤモンド発掘で栄えた町キンバリーで下車し、発掘のために人間が掘った世界最大の穴『ビッグ・ホール』を訪れることもできる。
そして、終点の駅ケープタウンへ到着したら、探検家バスコ・ダ・ガマも通ったアフリカ南端の岬『喜望峰』や、垂直に切り取られた標高1,086mの真っ平らな山『テーブルマウンテン』を抱く街を訪れたい。
列車旅の常識を覆す、ロマン溢れる最高の時間を過ごす旅へ。

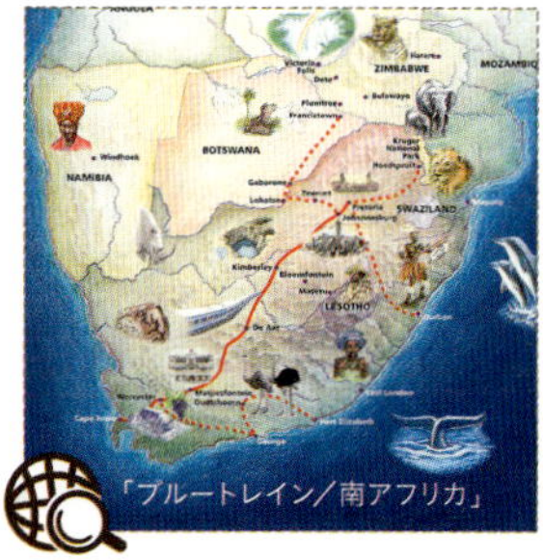

「ブルートレイン／南アフリカ」

いくらかかる？
How much?

28万円〜

<大人1名分の総予算>

飛行機代、宿泊費、ブルートレイン乗車代、送迎、食事(朝3回、昼1回、夕1回)、燃油サーチャージ含む

どうやって行く？
How to get there

約19時間

<片道の合計時間>

日本から南アフリカの都市へ直行便は出ていない。まずは香港、シンガポール、ドバイなどいずれかで乗り継ぎ、南アフリカのヨハネスブルグへ。成田〜香港は約4時間45分、香港〜ヨハネスブルグは約13時間。ヨハネスブルグからプレトリアまでは車で約1時間。

いつがオススメ？
Trip Season

9月〜4月

<ベストシーズン>

南アフリカの桜とも称される、薄紫色の花をつけるジャカランダの木。プレトリアにあるおよそ70,000本以上ものジャカランダが一斉に咲き乱れ、街を幻想的なパープルシティへと変貌させる9月下旬〜10月下旬頃が一番のベストシーズン。暖かいシーズン9月〜4月がオススメだ。

19 Blue train
South Africa
TRAVEL PLAN:

TRAVEL PLAN:

3泊6日のプラン例

1、2日目： 成田発〜香港乗り継ぎ〜ヨハネスブルグ着、プレトリアに移動
3〜4日目： ブルートレインにてケープタウンに移動
5、6日目： ケープタウン発〜ヨハネスブルグ、香港乗り継ぎ〜成田着

PERIPHERAL INFORMATION 周辺情報 1

クルーガー国立公園

ケニアやタンザニアと同様に南アフリカも野生動物の宝庫だ。中でもクルーガー国立公園でのサファリは、一定の規則さえ守れば自分の運転で回ることができてしまうという珍しいもの。大自然に生きる野生動物を間近に見ることができる、アフリカならではの体験を楽しもう。

PERIPHERAL INFORMATION 周辺情報 2

ビクトリアの滝

ナイアガラの滝、イグアスの滝と共に世界三大瀑布に数えられている滝。ジンバブエとザンビアにまたがるその滝の大きさは、幅1,700m、高さ107mという巨大なもの。轟音と共に盛大な水飛沫を上げながら落ちていく姿は圧巻。

この旅の相談、手配先
ARRANGING THE TRIP

Planet Africa Tours
www.planetafricatours.co.za

多くの日本人を受け入れている現地旅行会社『プラネット・アフリカ・ツアーズ』がオススメ。相談から手配依頼まで、すべて日本語でできるので安心だ。もちろんブルートレインに関する質問、問合せも可能。

カヌーで
ユーコン川
を下りたい！

DREAM
TRIP
20

カナディアンカヌーでユーコン川を下る、
大自然に溶け込む旅

「ユーコン川」
Yukon River

カナダ
Canada

Government of Yukon

20「ユーコン川／カナダ」 Yukon River / Canada

偉大なる川

カナダ北西部に位置するユーコン準州と、アメリカのアラスカ州。両州にまたがりベーリング海へとその水を注ぐのが、偉大なる川という意味を持つユーコン川だ。若い時はひとり、または仲間と。子宝に恵まれれば家族と。それぞれの人生の節目に下りたくなる川と言われている。

起点となるのは、ユーコン準州の準州都である小さな町、ホワイトホース。日帰りから数ヶ月に及ぶものまでコースは無数にあるが、ポピュラーなのは期間が1～2週間、距離にして320～736kmのコースだ。カヌーを水面へと送り漕ぎ出せば、パドルが水を掻く音と風の音しか聞こえず、周囲を見渡せば手つかずの大自然が広がっている。パドルを漕ぐ腕が疲れたら川岸にカヌーを停めて休んだり、釣りをしたり。日没前には好きな所にテントを張って、夕食を準備し、火を囲みながら満天の星空を眺める。自分のペースで川を下ってゆける贅沢な旅だ。

もちろん、カヌーで安全に旅をするためには、少々の練習が必要となる。また、同時にテントを張ったり、火を起こしたりというアウトドアの経験も求められる。それらの経験を積んでから川を下るのもいいが、最も手軽なのは現地のガイド同行ツアーに参加すること。初心者であっても安心、安全にユーコン川を下ることができる。

一度や二度訪れるだけでは、味わい尽くせないほど、奥深い懐を持っているユーコン川。極北の優しい太陽の光を浴びながら、ゆっくりと大自然を堪能する冒険へ。

「ユーコン川／カナダ」

いくらかかる？
How much?

17万円～

＜大人1名分の総予算＞

※旅の予算は本書プラン例の目安料金です。
※飛行機代、宿泊費、現地送迎、カヌーレンタル代含む、食事、燃油サーチャージ除く

どうやって行く？
How to get there

約11.5時間

＜片道の合計時間＞

日本からカナダの玄関口バンクーバーまで直行便が運行している。そこから国内線でホワイトホースへ行くことになる。成田～バンクーバーは約9時間、バンクーバー～ホワイトホースは約2時間30分。

いつがオススメ？
Trip Season

7月～8月

＜ベストシーズン＞

1年を通じで訪れることが可能だが、高い緯度にあるため、夏場以外は寒さが厳しい。7、8月が温暖な気候で日照時間も長いのでオススメ。

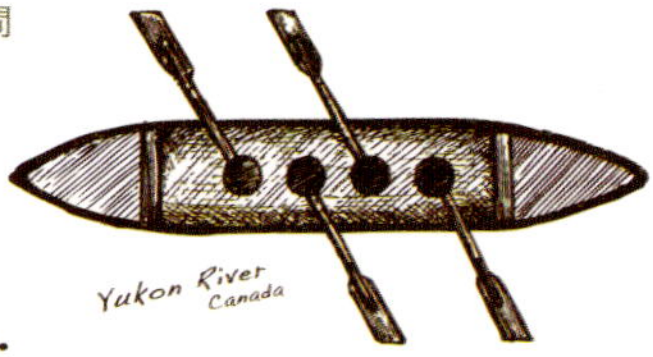

TRAVEL PLAN:

9泊11日のプラン例

1日目： 成田発～バンクーバー乗り継ぎ～ホワイトホース着
2～9日目： ユーコン川
10～11日目： ホワイトホース発～バンクーバー乗り継ぎ～成田着

バンクーバー

乗り継ぎ地をバンクーバーにするのもオススメ。カナダ西部の大都市で、世界各国の料理や街の近郊に溢れる自然などを楽しむことができる。キャピラノ渓谷にかかる吊り橋は、世界一長い歩行者用の橋で、全長は137m、高さは70mもあることで知られている。

カナディアンロッキー

カナダ西部、アメリカとカナダに跨がる山脈の一部。多くの貴重な自然が残る広大な地は、まるごと世界遺産に登録されている。連なる針葉樹と険峻な山々に囲まれた湖や、氷河、滝など北米の大自然にふれることができる。

この旅の相談、手配先
ARRANGING THE TRIP

KANOE PEOPLE
www.kanoepeople.com/ja

日本語でのメール問い合わせにも対応している現地旅行会社。気軽な1日ツアーから数週間のツアーまで幅広く対応が可能だ。また、日本語ガイド同行の現地発着ツアーも定期的に行っているので頼りになる。

メープル街道の
紅葉
に包まれたい！

DREAM
TRIP
21

世界有数の規模を誇る
カナダの紅葉を鑑賞する旅

「メープル街道」

Maple road

カナダ
Canada

21 「メープル街道／カナダ」 Maple road / Canada

美しき秋の色

カナダ東部、北米の五大湖から大西洋に流れるセントローレンス川。その川沿いにメープル街道は延びている。全長800kmにも及ぶ街道の樹々は、秋の訪れと共にその葉を鮮やかに染める。カナダの国旗にもなっているレッドメープルの葉をはじめ、シュガーメープル、ポプラ、シラカバなど、多くの樹の葉が赤やオレンジ、黄などに彩られ、美しい光景を生み出し、世界中の人たちを魅了している。
様々な場所で紅葉を見ることができるが、一押しはカナダ第二の都市、モントリオール。北米のパリと呼ばれるほどフランスの影響を色濃く残す街だ。その北に位置するローレンシャン高原に佇むモントランブラン山の頂までケーブルカーで登り、丘陵地帯を望む。視界いっぱいに飛び込んでくるのは、美しく彩られた山肌の風景。カナダでも一年の限られた期間にしか見ることのできない素晴らしい絶景が広がっている。
北米有数のスキーリゾートでもあるモントンブランでは、色鮮やかな可愛らしい建物が軒を連ねることでも知られ、紅葉と共に町歩きも楽しめる。また近郊には、ケベック州の州都でもある、世界遺産都市ケベックが位置している。特に北米最古の繁華街と言われるプチ・シャンプラン通りは、とても可愛らしくショッピングにもオススメのスポットだ。
山肌一面を染める紅葉と、東部の街々を巡る、カナダの秋を感じる旅へ。

いくらかかる？
How much?

25万円〜

＜大人1名分の総予算＞

※旅の予算は本書プラン例の目安料金です。
※飛行機代、宿泊費、現地送迎、食事(昼1回)、2・3日目のツアー代含む、燃油サーチャージ除く

どうやって行く？
How to get there

約16時間

＜片道の合計時間＞

旅の拠点となるモントリオールまでは直行便がないため、トロントやバンクーバー、米国1都市などを乗り継ぐ必要がある。トロントを乗り継ぐ場合、羽田〜トロントは約12時間、トロント〜モントリオールは約1時間15分。モントリオールからモントランブランまでは車で約3時間。

いつがオススメ？
Trip Season

9月〜10月

＜ベストシーズン＞

毎年若干前後するが、メープル街道が色付くのは9月下旬〜10月中旬頃。ローレンシャン高原は高地にあるため、他所よりも紅葉が早い。時期が近づくと紅葉情報もあるので、参考にしてほしい。事前に手配をする場合は、9月最終週〜10月1週目がオススメだ。

TRAVEL PLAN:

3泊5日のプラン例

1日目： 羽田発〜トロント乗り継ぎ〜モントリオール着
2、3日目： モントンブラン、ケベック観光
4、5日目： モントリオール発〜トロント乗り継ぎ〜羽田着

アルゴンキン州立公園

モントランブランと並び、素晴らしい紅葉を堪能できる公園。紅葉好きなら、ぜひともこちらにも。しかし、モントリオールからは若干距離があるので、本書プラン例のケベックを外し、かつ+1日する必要がある。

オタワ

カナダの首都。新しい美術館や様々な博物館と共に、カナダ最古の歩行者天国スパークス・ストリート・モールなどの歴史も共存する街。そこに流れるオタワ川をボートで遊覧し、水上から街の情緒を楽しむのがオススメだ。

この旅の相談、手配先
ARRANGING THE TRIP

ism
shogai-kando.com

北米、南米、オーストラリアなど多くの地域をカバーしている旅行会社ism。パッケージ旅行はもちろん、オーダーメイドにも対応している。一生に一度の感動の旅をプロデュースしてくれる頼れる存在。まずは気軽に問い合わせてみよう。

地球一美しい
砂漠フェス
に参加したい！

DREAM TRIP 22

世界一過酷で世界一美しい野外フェス
『バーニングマン』で、アーティストになる旅

「ネバダ」
Nevada

アメリカ
USA

22 「ネバダ／アメリカ」 Nevada / USA

世界一美しい野外フェスティバル

アメリカはネバダ州の北西に位置するブラックロック砂漠。見渡す限りに広がる乾いた灰色の大地に、毎年夏の終わりに1週間ぶっ通しで、レイヴ＆アート＆パフォーマンス溢れる超巨大ファンキーフェスティバル『バーニングマン』が開催される。暴力的に照りつける太陽の下、雄大なネバダ山脈＆地平線が広がる大地、まわりには百花繚乱のアートと音楽と悪ふざけが広がる。夜には、怖いくらいに巨大な月と、ミルクをこぼしたかのような天の川が空を覆い、24時間なにかしらの音がガンガン鳴り響き、レーザービームが闇を照らす。踊り狂う人々。そして、ときどき砂嵐や雷雨といった自然の猛威……。そんな超ハイテンションな1週間が続くのだ。参加者はテントやキャンピングカーを持ち込み、そこを住居とする。食料や水も、すべて自己責任。自分たちで必要なものを用意し、砂漠という過酷な環境の中、生き抜いていく。まさしくサバイバルだ。しかも、エリア内ではお金での売買が一切禁じられ、見返りを求めないシェア精神で成り立っている。欲しいものがあれば、もらったり物々交換をしたりで手に入れることになる。ここではすべてが自由だが、大きなポイントがひとつある。それは「No Spectator（傍観者になるな）」。何もせず、見るだけの客にはなるな、という強いメッセージが存在しているのだ。つまり、参加者全員が表現者となる。どんな表現でもOKなので、自分なりのアートを表現しよう。
このフェスティバルは極楽か、はたまた地獄なのか。その圧倒的なパワーにふれ、自分を縛りつけている何かをぶっ壊す旅に出よう。

いくらかかる？ How much?

15万円～

＜大人1名分の総予算＞

※旅の予算は本書プラン例の目安料金です。
※飛行機代、宿泊費、現地移動代、バーニングマン入場券代含む、食事、燃油サーチャージ除く

どうやって行く？ How to get there

約14.5時間

＜片道の合計時間＞

成田からはロサンゼルスやソルトレークシティなどで乗り継ぎリノへ。成田～ロサンゼルスは約10時間15分、ロサンゼルス～リノは約1時間20分。リノからブラックロック砂漠へは車で約3時間。

いつがオススメ？ Trip Season

8月～9月

＜ベストシーズン＞

バーニングマン・フェスティバルは、毎年8月の最終月曜日～ 9月の第1月曜日に開催される。最終日は基本的に撤収日となるので、本格的なイベント開催は実質1日前までとなる。フェスティバルは終盤にかけて盛り上がっていくので、1週間の旅の場合は、できれば最終日まで滞在できるよう予定を組もう。

TRAVEL PLAN:

5泊7日のプラン例

1、2日目： 成田発～米国1都市乗り継ぎ～リノ着、ブラックロック砂漠に移動
3～5日目： バーニングマン、リノに移動
6、7日目： リノ発～米国1都市乗り継ぎ～成田着

PERIPHERAL 1 周辺情報 INFORMATION

ロサンゼルス

アメリカ西海岸に連なる都市のひとつ。この街を拠点に世界遺産グランドキャニオンや、メキシコ国境の街ティファナ、世界遺産ヨセミテ国立公園など魅力溢れる様々な場所へ行くことができる。ハリウッドやビバリーヒルズなどロサンゼルスにも見所満載だ。

PERIPHERAL 2 周辺情報 INFORMATION

モニュメントバレー

ユタ州とアリゾナ州にまたがる、アメリカを代表する原風景。果てしなき荒野を貫く一本道とそれを飾る、記念碑（モニュメント）が見所だ。真っ青な空に赤茶の大地、散在する天へ向け突き出す高さ約300mの巨大な岩山は迫力満点。

この旅の相談、手配先 ARRANGING THE TRIP

Burning Man
www.burningman.com

バーニングマン・フェスティバルの入場券や会場までの交通手段、前後の宿泊が事前に必要となる手配だ。現状では日本からのツアーはないため、個人手配が基本だ。宿泊やレンタカーは日本語サイトで手配が可能だが、フェスティバル入場券の購入は上記英語サイトからとなる。

お城や宮殿
に泊まりたい！

DREAM
TRIP
23

スペイン全土に点在する、
宮殿や古城を改装した『パラドール』に泊まる旅

「パラドール」
Parador

スペイン
Spain

23 「パラドール／スペイン」 Parador / Spain

殿や古城を改装した『パラドール』に泊まる

太陽が燦々と輝く、情熱の国スペイン。同国内にはパラドールと呼ばれる、歴史の有る宮殿や城、修道院を改装した国営のホテルが90以上も点在している。室内には品格が漂う調度品が並び、窓の外には優雅な庭園が広がる。かつては、王族や貴族といった限られた人しか居住が許されなかった空間に、現在では簡単に宿泊できるのだ。例えば、地中海に面したリゾート地マラガ近郊の街、グラナダのパラドール。イスラム王朝ナスル朝グラナダ王国の都だったこの街には、スペイン屈指の世界遺産アルハンブラ宮殿がある。その中に佇むのが、サンフランシスコ修道院を改装したパラドールだ。イスラムとキリストの両文化が融合した独特な雰囲気に満ち、輝く緑の木々、天井の模様、床のタイル、庭園など、言葉を失うほどの素晴らしい空間が広がっている。小鳥のさえずりで目を覚ましたら、焼きたてのパンが並ぶビュッフェスタイルの朝食をゆっくりと味わったり、庭を散歩したり。女性であればお姫様のような気持ちにさせてくれる優雅な滞在を楽しむことができる。また、セビーリャ近郊の高台の町カルモナにある14世紀のアラブの古城を改装したパラドールもオススメだ。丘の上に大きくそびえ建つお城から眺めるアンダルシアの絶景は忘れられない想い出になるだろう。他にも、スペイン全土には様々なパラドールが点在している。古城を再建したものであったり、重厚な雰囲気を持つものであったり、それぞれが際立った個性を持つパラドールなので、泊まり歩いてみるのも面白い。
スペインの宮殿や古城で、至福のひとときを楽しもう。

いくらかかる？
How much?

23万円～

＜大人1名分の総予算＞

※旅の予算は本書プラン例の目安料金です。
※飛行機代、宿泊費、現地交通費、一部食費含む、燃油サーチャージ除く

どうやって行く？
How to get there

約17時間

＜片道の合計時間＞

日本からマラガへはパリなどヨーロッパ主要都市を乗り継いで行くことが一般的だ。成田～パリは約12時間30分、パリ～マラガは約2時間30分。マラガ～グラナダは車で約2時間。

いつがオススメ？
Trip Season

4月～10月

＜ベストシーズン＞

グラナダがあるアンダルシア地方は、年間を通して温暖で乾燥した地中海性気候に属する。冬の時期は比較的雨が多いため、4～10月がベストシーズンと言われる。

TRAVEL PLAN:

5泊7日のプラン例

1、2日目： 成田発～パリ乗り継ぎ～マラガ着、グラナダに移動
3～5日目： グラナダ宿泊、カルモナ宿泊、マラガ宿泊
6、7日目： マラガ発～パリ乗り継ぎ～成田着

ミハス
コスタ・デル・ソルと呼ばれる約350kmも続く海岸線の一帯に点在する『白い村』のひとつ。漆喰で塗られた真っ白な外壁に淡いオレンジ色の屋根を載せた家が建ち並んでいて、その美しさはスペイン1との呼び声も高い。

ロンダ
マラガから車で約1時間30分、切り立った崖の上に白い家が建ち並ぶ街。渓谷で分かれている新市街と旧市街に架かるヌエボ橋からの景色はまさに絶景。断崖絶壁に建つパラドール『パラドール・デ・ロンダ』は雰囲気も眺望も最高。

この旅の相談、手配先
ARRANGING THE TRIP

イベロ・ジャパン
Tel 03-6228-1734
www.ibero-japan.co.jp

日本においてパラドール総代理店となっている『イベロ・ジャパン』。スペイン全土に広がる全てのパラドール情報を持ち、日本で最もパラドールに詳しい旅行会社と言える。希望する行き先や興味のあるパラドールを伝えて、自分好みのパラドールの旅を作ってみよう。

野生動物の王国で極上サファリ体験をしたい！

DREAM TRIP 24

サバンナのど真ん中で、様々な野生動物に出逢い、
極上ロッジで星空に包まれる旅

「サバンナ」
Savanna

ケニア
Kenya

24 「サバンナ／ケニア」 Savanna / Kenya

野生動物の王国

東アフリカはインド洋に面する国、ケニア。この旅では、国土の中央で北半球と南半球を隔てる赤道をまたぎ、北南に位置するふたつのケニアを訪れる。サバンナと呼ばれる草原地帯を舞台にサファリカーに乗り込み、動物を「発見」する探検旅行。ゲームドライブと呼ばれるそれは、ビッグ5と呼ばれるライオン、ゾウ、ヒョウ、バッファロー、サイなど数々の動物を間近に見ることができる。そう聞くと、少し過酷な旅を思い描いてしまうが、今回の旅は、そんなイメージを思いきり打破するものだ。北ケニアの拠点は、ライキピアにあるロッジ『ロイサバ』。ロッジの専用車に乗り込みチェックインすると、部屋の中には、すべて手作りの温もりある調度品が揃い、開放感抜群の大きな窓の外には、マウントケニアの大パノラマが広がる。ここのポイントは、『スターベッド』という屋外に設置された、窓も天井もない驚きのベッド！ その名の通り、星を見ながら眠るベッドだ。ふかふかのベッドで羽毛布団に包まれれば、目の前には満天の星空、横を見ればどこまでも続くアフリカの大地が広がる。こんな贅沢な時間があるだろうか。一方、南ケニアのマサイマラ国立保護区にあるのが『ガバナーズ・イルモラン』。ビクトリアスタイルの優雅なお風呂や、古いオリーブの木から作られたスーパーキングサイズのベッド、川に面した展望抜群のウッドデッキ、室内の調度品の数々。すべてが上質で品格が高い。どちらもサバンナのど真ん中という過酷な環境にありながら、設備の快適が揃い、一流シェフが腕を振るう料理も堪能することができるのだ。滞在も、冒険もどちらも贅沢に楽しむ東アフリカの旅へ。

いくらかかる？ How much?

18万円～

<大人1名分の総予算>

※旅の予算は本書プラン例の目安料金です。
※飛行機代、宿泊費含む、現地送迎、一部食事、燃油サーチャージ除く

どうやって行く？ How to get there

約16時間

<片道の合計時間>

日本からアフリカの玄関口、ナイロビへは、アラブ首長国連邦のドバイや香港、バンコクを乗り継いで行くのが一般的だ。成田～ドバイが約10時間50分、ドバイ～ナイロビは約5時間。

いつがオススメ？ Trip Season

6～7月 10～11月

<ベストシーズン>

1年中訪問は可能だが、6～7月と10～11月頃に、マサイマラ、セレンゲティ間でヌーの大移動が見られるチャンスがある。できればこのシーズンに訪れたいが、その他の時期でも期待以上の光景が広がる。

TRAVEL PLAN:

5泊8日のプラン例

1、2日目： 成田発～ドバイ乗り継ぎ～ナイロビ着
3～6日目： マサイマラ発～ライキピア着、ライキピア発～ナイロビ乗り継ぎ～マサイマラ着
7～8日目： マサイマラ発～ナイロビ、ドバイ乗り継ぎ～成田着

ザンジバル

アフリカ大陸の沖合約40kmに浮かぶ隣国タンザニアの島。古来より貿易の拠点として栄えた場所で、ストーンタウンという歴史情緒溢れる町並みが残っている。また、素晴らしいビーチリゾートも擁する島なので、インド洋でのんびりしたい人は帰路に立ち寄ってみよう。

ドバイ

乗り継ぎ地点であるアラブ首長国連邦のドバイで一休みするのもオススメ。中東の中でも開放的な雰囲気を持ち、高級ホテルも多数。世界一高いビルとして知られるブルジュハリファドバイや、高級ブランド店が軒を連ねる巨大ショッピングモールなど見所満載。

この旅の相談、手配先 ARRANGING THE TRIP

道祖神
www.dososhin.com

毎年多くの人をアフリカに案内しているため、現地事情に精通している旅行会社。サファリを巡るには車両、運転手、宿泊、公園の入園許可と様々な手配が必要となるので、ツアー取得が現実的。日数や訪問地の変更など様々なことに対応できるので、気軽に相談からはじめてみよう。

水上を走る家
ハウスボート
で放浪したい！

DREAM TRIP 25

水上の家・ハウスボートを自由に操縦し、
カナダ最長の水路をクルージングする旅

「五大湖」
Great lakes

カナダ
Canada

25 「五大湖／カナダ」 Great lakes / Canada

水路をゆくハウスボート

アメリカ、カナダの国境を隔てる五大湖。北米の地中海とも称されるこの湖にはその名の通り5つの湖があり、すべてが水路や運河で繋がっている。そのひとつ、五大湖のオンタリオ湖とヒューロン湖を繋ぐカナダ最長のトレント・セバーン水路（全長386km）を、水上を走る家『ハウスボート』で旅しよう。
ハウスボートとは、言わばキャンピングカーのボート版。全長9.6mの2階建て構造で、1階、2階のどちらからも操船ができる。船内には、キッチンや冷蔵庫、暖房、シャワー、トイレ、ベッドなどが備わり、居住性は抜群。簡単な講習さえ受ければ、免許がなくても自分で運転できてしまうお手軽さが最大の魅力だ。
ハウスボートの旅の拠点となる街は、カナダ最大の都市トロントから東に車で1時間のところにあるポートホープ。そこから30分も走れば、ボートが係留されているマリーナに到着する。
出船すれば、川沿いに佇む町を訪問したり、穏やかな湖上でゆっくりしたり、カヌーを漕いだり、釣り、BBQなどなど、すべて気の向くままに楽しめる自由がそこにはある。時には水門を越え、時には狭い水路を通過し、時には広大な湖を進む。美しき自然や、動物たちとの出逢いも楽しみのひとつ。
水の上でのスローライフ、夢のプライベートクルージングを楽しもう。

いくらかかる？ How much?

18万円～

＜大人1名分の総予算＞

※旅の予算は本書プラン例の目安料金です。
※飛行機代、宿泊費、ハウスボートレンタル代含む、食事、燃油サーチャージ除く

どうやって行く？ How to get there

約13時間

＜片道の合計時間＞

日本からトロントまで直行便が運行している。成田～トロントは約11時間50分。トロントからボートがあるマリーナまでは車で約1時間。

いつがオススメ？ Trip Season

5月～9月

＜ベストシーズン＞

ハウスボートがレンタル可能な時期は5月下旬～9月。5、6月は春の陽気、7、8月は夏、9月は秋へと変わる頃。どの時期も気持ちがいいので、予定に合わせて時期を選ぶことができる。

TRAVEL PLAN:

5泊7日のプラン例

1日目： 成田発～トロント着
2～5日目： ハウスボート
6、7日目： トロント発～成田着

トロント

カナダ最大の都市で様々な人種の人が暮らすことから「人種のモザイク」と呼ばれている。美術館や博物館、地上533mもあるCNタワー、20世紀初頭に個人によって築かれた大邸宅など見所が多い。右記で紹介するナイアガラと共に訪れたい。

ナイアガラの滝

世界三大瀑布のひとつナイアガラの滝。轟音と共に水飛沫を上げる大迫力の滝を間近で眺めることができる。ボートに乗って、滝壺に迫ることも可能だ。近くには滝を見ながら食事できるレストランもある。

この旅の相談、手配先
ARRANGING THE TRIP

Egan Houseboat Rentals
www.houseboat.on.ca/jp

ハウスボートのレンタルを行っているEgan Houseboat Rentalsには、日本語で問い合わせができる。担当者の佐久間さんは、ハウスボートはもちろんカナダの自然を知り尽くしているので、旅の準備からなにからとても頼りになる。行きたい！と思ったら、まずは上記サイトから連絡してみよう。

はちみつ色に
染まる
絵本世界
を歩きたい！

DREAM
TRIP
26

イングランドの丘陵地帯に点在する
可愛らしい村を歩く旅

「コッツウォルズ」
Cotzwolds

イングランド
England

26 「コッツウォルズ／イングランド」 Cotswolds / England

はちみつ色に染まる村

イギリスを構成する4つの国のひとつ、イングランド。その中央部、160kmにも渡って南北に広がる丘陵地帯が、「羊の丘」という意味を持つコッツウォルズだ。「イングランドを象徴する地域」としても有名で、昔ながらの田園風景がそのまま残り、特別自然美観地域 (Area of Outstanding Natural Beauty) として指定されている。
コッツウォルズに点在する可愛らしい村々は、それぞれ異なる表情を持つ。英国で最も美しい村と謳われる『バイブリー』、コッツウォルズを見渡せるタワーがある『ブロードウェイ』、石造りの家が並ぶ『バーフォード』、英国で最も古い町並みが残る『カッスル・クーム』、町の中心に澄み切った水のウィンドラッシュ川が流れる『ボートン・オン・ザ・ウォーター』、シェイクスピアの生家が残る『ストラトフォード・アポン・エイヴォン』……など素敵な村が多い。
それら多くに共通する魅力が、はちみつ色の家々。この地で採れた黄色みを帯びた石灰岩で作られているもので、コッツウォルズの象徴でもある。また庭に彩りを加える四季の花々、村の小川に架かる小さな橋など、それらが共演することでまるで絵本のような世界を作りだしている。
はちみつ色に染まる、英国の歴史と風格が詰まった村を歩こう。

「コッツウォルズ／イングランド」

いくらかかる？ How much?

16万円〜

＜大人1名分の総予算＞

※旅の予算は本書プラン例の目安料金です。
※飛行機代、宿泊費、食事（朝3回）含む、現地送迎、燃油サーチャージ除く

どうやって行く？ How to get there

約14時間

＜片道の合計時間＞

成田からイギリスの首都ロンドンまで直行便が運行している。成田〜ロンドンは約12時間15分。ロンドンからコッツウォルズへは車で約2時間、または列車で約1時間30分。

いつがオススメ？ Trip Season

5月〜9月

＜ベストシーズン＞

冬場は寒さが厳しいので、暖かくなる5〜9月がオススメのシーズン。また花々が鮮やかに咲き乱れ、町並みに彩りが加わる時期でもある。イギリスは「1日の中に四季がある」と言われるほど、天気が変わりやすいので、雨具や羽織れる物を持って行こう。

TRAVEL PLAN:

3泊5日のプラン例

1日目： 羽田発〜ロンドン着
2、3日目： コッツウォルズ滞在
4、5日目： ロンドン発〜羽田着

PERIPHERAL INFORMATION 周辺情報 1

ロンドン

ロンドンを訪れたらまず見ておきたいのが、世界遺産ウェストミンスター寺院と、併設する時計塔ビッグ・ベン、そしてテムズ川に架かるタワーブリッジ。余裕があれば他の観光地もオススメだが、帰国前に地元民に交じって本場のパブで乾杯もオススメだ。

PERIPHERAL INFORMATION 周辺情報 2

湖水地方

ロンドンから列車で約3時間。ピーターラビットの作者、ビアトリクス・ポターが作品を世に送り続け、愛を注ぎ続けた地である。田園風景と穏やかな湖面、凛々しい山々が見せる風景がとても美しく、英国に残された豊かな自然を体感することができる。

この旅の相談、手配先 ARRANGING THE TRIP

エス・ティー・ワールド
stworld.jp

日本を拠点としながらも、世界中にネットワークを持つ旅行会社。旅の日数や宿も含め、色々とアレンジできるので、まずは気軽に相談してみよう。豊富な種類のパッケージ旅行も魅力だ。

象に乗って ジャングルを歩きたい！

DREAM TRIP 27

象使いになって、
野鳥の宝庫でもあるジャングルを巡る冒険の旅

「ゴールデントライアングル」
Golden triangle

タイ
Thailand

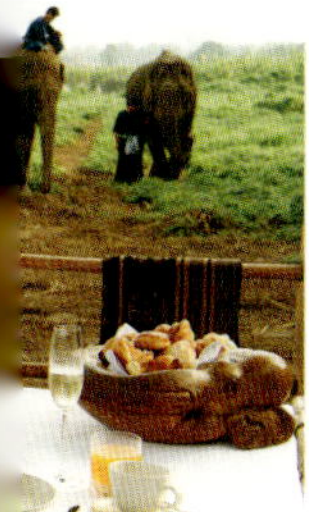

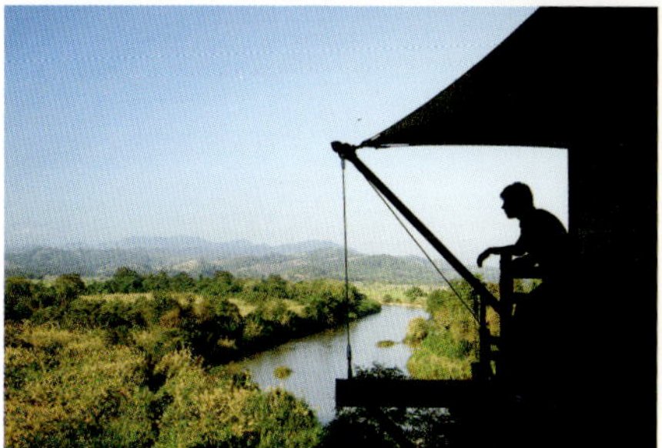

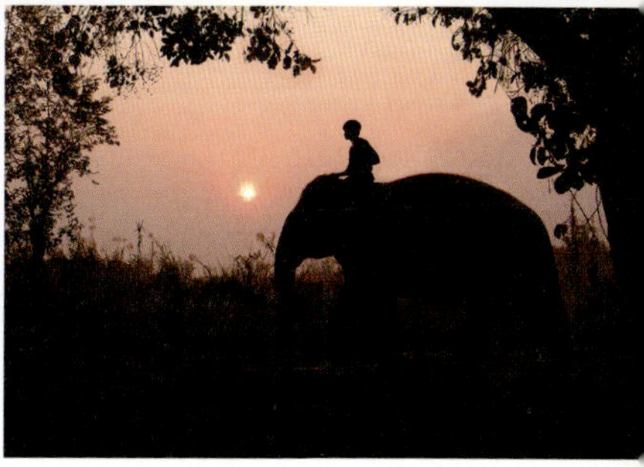

27 「ゴールデントライアングル／タイ」 Golden triangle / Thailand

ジャングルを象でゆく

タイ、ミャンマー、ラオスの国境が接する地域、ゴールデントライアングル。かつて世界最大の麻薬密造地域と呼ばれたこの山岳地帯も、現在は様変わりし、米、コーヒー、茶、フルーツ、野菜を栽培する、のんびりとした田園風景が広がる。
その一角、タイ北部。鬱蒼と生い茂る竹林のジャングルに、わずか15張のラグジュアリーテントがある。それが『Four Seasons Tented Camp Golden Triangle』だ。テント内には19世紀を彷彿とさせる洗練されたカスタムメイドの調度品が並び、エアコン、シャワー、ミニバー、そしてWi-Fiまでも完備する。特筆すべきは、ひとつずつ丁寧に鍛造した銅製バスタブ。ノスタルジックな演出に見事なまでに一役買っている。タイの奥地にありながら、ルアック川を一望できるプール、静寂に包まれたスパなどのファシリティー、そして美味しい食事……すべてが洗練された至高のクオリティーに包まれる。
野鳥の声で目を覚ましたら、象使いの伝統的なコスチュームに身を包む。何世紀にも渡りタイの文化、そして貴重な労働力として重宝されてきた象とふれあうことができるのが、ここの最大の魅力だ。象の背にゆられジャングルを進むエレファント・トレッキングから川や池での象の水浴びの手伝い、象使いトレーニングまで。
冒険に焦がれる大人たちを満足させる、象とゆくジャングルの旅を。

いくらかかる？ How much?

36万円～

＜大人1名分の総予算＞

※旅の予算は本書プラン例の目安料金です。
※飛行機代、宿泊費、現地送迎、一部ツアー代、食事、燃油サーチャージ含む

どうやって行く？ How to get there

約9.5時間

＜片道の合計時間＞

タイの玄関口、バンコクまでは直行便が運行している。バンコクからは国内線でチェンライへ。成田～バンコクは約6時間30分、バンコク～チェンライは約1時間20分。チェンライからは、車で約1時間15 分、さらにボートに乗り換え20分で到着する。

いつがオススメ？ Trip Season

11月～5月

＜ベストシーズン＞

年間を通じて最高気温は25℃を超えるが、中央部以南と比べて湿度が低い。3～5月は暑く、6～10月が雨期、11～2月が乾期となる。11～2月がベストシーズンと言えるが、朝晩は冷え込むため、好みによっては3～5月もオススメだ。

TRAVEL PLAN:

3泊5日のプラン例

1日目： 成田発～バンコク乗り継ぎ～チェンライ着
2、3日目： ゴールデントライアングル
4、5日目： チェンライ発～バンコク乗り継ぎ～成田着

バンコク

アジアを代表する大都市。寺院や王宮、宮殿などの観光はもちろん、タイ料理をはじめとする世界各国の料理やショッピングにエステと楽しみは尽きない。アジア1と言われる活気と喧噪に溢れる街を楽しもう。

アユタヤ

バンコクから日帰りでも行けるタイの古都。14世紀中頃から約400年間栄えたアユタヤ王朝の都だ。数多くの仏塔や寺院の跡が残され、世界遺産として今も当時と変わらない幻想的な景観を維持している。トゥクトゥク呼ばれる三輪タクシーでのんびり巡ってみよう。

この旅の相談、手配先 ARRANGING THE TRIP

マゼランリゾーツアンドトラスト株式会社
www.magellanresorts.co.jp

海外のラグジュアリーリゾートを専門に取り扱う旅行会社。専門に取り扱うからこその豊富な知識と経験は、より旅を有意義なものにしてくれる。高額な旅でもあるので、不安なことは事前に相談しておこう。

天空
トレッキング
をしたい！

DREAM
TRIP
28

雲上の「世界で最もエベレストに近い」
奇跡のホテルを目指して歩く天空の旅

「ヒマラヤ山脈」
Himalayan range

ネパール
Nepal

28 「ヒマラヤ山脈／ネパール」 Himalayan range / Nepal

山脈の稜線が美しい天空世界

ブータン、中国、インド、ネパール、パキスタン、アフガニスタン、6つもの国にまたがるヒマラヤ山脈。地球上で最も標高の高い地域として知られ、「世界の屋根」とも呼ばれている。この山脈の中でも『世界最高峰』のエベレストは誰しもが知り、そして山好きなら特別な憧れを抱く山だろう。
エベレストを望み、ヒマラヤを歩くことは一見ハードルが高そうに思える。しかし、ネパールからであれば比較的傾斜が緩く、一般観光客でも気軽にヒマラヤでのトレッキングを楽しむことができるのだ。トレッキングの拠点となるは、ナムツェ・バザール。近郊には、エベレスト鑑賞地のひとつであるシャンボチェの丘がある。圧倒的な存在感を放ち凛とそびえるエベレストを望みながら本格的なトレッキングがスタートする。目指すは、エベレスト直下、海抜3880mの雲上にある、世界で最もエベレストに近いホテル『エベレスト・ビュー』だ。
ホテルに到着し、窓の外を眺めれば、エベレストをはじめとした大迫力の峰々が神々しく光り輝いている。夕方には夕陽で橙色に染められる山肌を眺め、夜には息を呑むほどの満天の星空に包まれる。まるで窓枠によって縁取られた絵画のような光景が、刻々と変わりながら現れる。他にも山岳民族が暮らす村を訪問したり、美しい湖畔を訪れたり……。
ネパールという国の素晴らしい一面にふれる、天空トレッキングの旅。

「ヒマラヤ山脈／ネパール」

いくらかかる？ How much?

46万円～

＜大人1名分の総予算＞

※旅の予算は本書プラン例の目安料金です。
※飛行機代、宿泊費、現地送迎、食事(朝8回、昼4回、夕7回)含む、燃油サーチャージ除く

どうやって行く？ How to get there

約11時間

＜片道の合計時間＞

エベレスト観光の玄関口ルクラまでの直行便はない。タイのバンコク、ネパールのカトマンズを乗り継ぐ必要がある。成田～バンコクは約7時間、バンコク～カトマンズは約3時間30分、カトマンズ～ルクラは約40分。

いつがオススメ？ Trip Season

9月～5月

＜ベストシーズン＞

ヒマラヤの山々を見るなら乾期の9月後半～5月がベストシーズン。特に3～4月、10～11月はトレッキングに最適だ。カトマンズとポカラは一年を通して比較的過ごしやすいが、高地では室内外ともにしっかりとした防寒が必須となる。

TRAVEL PLAN:

11泊12日のプラン例

1、2日目： 羽田又は関空発～バンコク乗り継ぎ～カトマンズ着、カトマンズ発～ルクラ着
2～8日目： トレッキング
9～12日目： カトマンズ発～ポカラ着、ポカラ発～カトマンズ着、カトマンズ発～バンコク乗り継ぎ～羽田又は関空着

カトマンズ

ネパールの首都。世界遺産に登録されている歴史ある街だ。様々な民族やトレッカー、バックパッカー、行き交う車、リキシャが織りなす喧噪は賑やかで楽しい。レストランや土産屋が軒を連ねるチョーク(路地)、ダルバール広場や国立博物館などもぜひ訪れたい。

ポカラ

ヒマラヤのトレッキングを満喫した後は、比較的温暖なポカラでゆっくり疲れを癒そう。美しいペワ湖の湖畔では、6～8,000m級の山々が連なるパノラマを眺めることができる。もっとネパールを満喫したい人は、近隣の村まで足を伸ばすことも可能だ。

この旅の相談、手配先 ARRANGING THE TRIP

ヒマラヤ観光開発(株)
www.himalaya-kanko.co.jp

気軽なハイキングから本格的なトレッキングまで、世界の山旅を専門に扱っている日本の旅行会社。この章で紹介した世界で最もエベレストに近いホテル『エベレスト・ビュー』に泊まる旅の手配も可能だ。
【エベレスト・ビュー】
www.himalaya-kanko.co.jp/hev/hev.html

無数のクラゲ
と泳ぎたい!

DREAM
TRIP
29

海中を漂う幻想的なクラゲと共に過ごし、
癒しのひとときを感じる旅

「ジェリーフィッシュレイク」
Jellyfish lake

パラオ
Palau

29 「ジェリーフィッシュレイク／パラオ」 Jellyfish lake / Palau

クラゲが奏でる水中の幻想世界

太平洋の南北640kmに渡り200以上もの島々が連なる国、パラオ。9つの島を除き、その他はすべて無人島だ。それらはロックアイランドと呼ばれ、隆起珊瑚礁から形成されている。長年に渡り波の浸食を受けたことから海面付近がくびれ、その姿はまるでマッシュルームのような景観になっている。

その中のひとつの島にあるのが、外海から隔たれた塩水湖『ジェリーフィッシュレイク』。この湖では、外敵がまったくいない生活を何千年もしているうちに、身を守る棘が退化してしまったタコクラゲたちが無数に浮遊し、幻想的な世界を創り出している。

シュノーケリングをしながら、ふわふわと漂うクラゲたちと戯れていると、何とも言えぬ緩やかな気分になっていく。輝くクラゲたちは星々のようで、まるで宇宙にいるかのような錯覚を覚えると言う。それは、不思議なヒーリング体験だ。

また、近郊にある石灰岩が溶け出したことによって創られた入浴剤をいれたかのような海、ミルキーウェイがある。そこでは、沈殿した泥を肌に塗るクレイパック体験が可能だ。他にも干潮時のみ出現する約800mの砂の道で、「海上の白い絨毯」と呼ばれるロングビーチなどにも訪れたい。

パラオでしか味わうことのできない、自然が育んだ癒しに出逢う旅へ。

いくらかかる？ How much?

15万円〜

＜大人1名分の総予算＞

※旅の予算は本書プラン例の目安料金です。
※飛行機代、宿泊費、現地送迎、食事(昼1回)、3日目のツアー代、ジェリーフィッシュレイク許可証代含む、燃油サーチャージ除く

どうやって行く？ How to get there

約5時間

＜片道の合計時間＞

成田からパラオの旧首都コロールまで直行便が運行している。直行便以外であれば、グアムで乗り継ぐことが一般的だ。成田〜コロールは約5時間。

いつがオススメ？ Trip Season

11月〜5月

＜ベストシーズン＞

一年を通して高温多湿。年間の平均気温はほぼ28℃となっているが、乾期(11〜5月)と雨期(6〜10月)がある。一年中訪れることが可能だが、雨が降ると海が濁りやすくなるので、可能であれば乾期の間に訪れたい。

29 Jellyfish lake
Palau

TRAVEL PLAN:

3泊5日のプラン例

1日目： 成田発〜コロール着
2〜4日目： ロックアイランド観光、コロール発〜成田へ
5日目： 成田着

パラオ

ロックアイランド以外にも見所が多いパラオ。海中に沈んでいる第二次世界大戦時のゼロ戦や、滝の裏側に行ける『ガラツマオの滝』などの見所も多く、ドルフィンスイムも体験できる。またパラオの旧首都であるコロールを歩けば、買い物や食事も楽しめる。

グアム

コロールへ直行便以外で行く場合、グアムでの乗り継ぎが一般的となる。その場合、単に乗り継ぎとしてではなく、食事も買い物も海遊びもすべてが揃っているグアムを楽しむのがオススメ。日本から最も近いアメリカを体験しよう。

この旅の相談、手配先 ARRANGING THE TRIP

エス・ティー・ワールド
stworld.jp

日本を拠点としながらも、世界中にネットワークを持つ旅行会社。旅の日数や宿も含め、色々とアレンジできるので、まずは気軽に相談してみよう。豊富な種類のパッケージ旅行も魅力だ。

世界一の パーティー アイランド で弾けたい！

DREAM TRIP 30

地中海に浮かぶ太陽と音楽の楽園で、
思いっきり弾ける旅

「イビサ島」
Ibiza Island

スペイン
Spain

espuma

30 「イビサ島／スペイン」 Ibiza Island / Spain

太陽と音楽の島

スペイン東部、地中海に面した都市バレンシアの沖合にあるイビサ島。地中海航路の拠点として古い歴史を持ち、その古代・中世・近世が融合した美しい町並みは、世界遺産に登録されているほど美しい。
この島に世界中から人が集まる理由はそれだけではない。驚くほど青く透明な海とパラソルが花開くビーチに加え、数多くのクラブが島中に軒を連ねているのだ。そのことから、「世界随一のパーティーアイランド」と呼ばれ、ダンスミュージックの聖地、世界有数のクラバーの島として、世界中にその名が知られている。音楽と踊りの楽園、地球海に浮かぶパラダイス、それがイビサ島だ。
ハイシーズンには、曜日に関係なく、毎晩世界有数のDJがプレイするパーティーが開かれる。ギネスブックに登録された世界最大のクラブや、大量の泡が降ってくるクラブ、イビサの音楽シーンを40年以上牽引する老舗クラブなど、その『箱』も多種多様。音楽のジャンルもハウスやテクノ、トランス、ロックなど様々。つまりこの島は、綺麗な海でバカンスを満喫するだけではなく、音楽好きにはこれ以上ない環境が揃っているのだ。
大音量で轟く音楽とともに、様々な魅力が凝縮されたパラダイス、世界一のパーティーアイランドで、思いっきり弾けよう。

いくらかかる？ How much?

18万円〜

＜大人1名分の総予算＞

※旅の予算は本書プラン例の目安料金です。
※飛行機代、宿泊費、現地送迎、食事（朝3回）、現地ツアー代、燃油サーチャージ含む

どうやって行く？ How to get there

約14.5時間

＜片道の合計時間＞

日本からイビサ島への直行便はない。夏期はドイツやオランダ、イタリア、フランス、イギリスなどヨーロッパ1都市で乗り継いで行く。スペイン本土に訪れたい場合は、ヨーロッパ1都市で乗り継いでマドリッドなどに入り、そこから国内線でイビサ島へ行くことが可能だ。成田〜フランクフルトは約12時間、フランクフルト〜イビサ島は約2時間30分。

いつがオススメ？ Trip Season

6月〜9月

＜ベストシーズン＞

年間を通して温暖な地中海性気候に属するイビサ島。5月からオープニングパーティーが始まり、6〜9月がハイシーズンとなる。その間は世界中から観光客が集まるが、特に気温が30℃を超える7〜8月は最盛期。逆に言えば、6月と9月は若干観光客数が少なくなるので、狙い目の季節とも言える。ただし夜は若干肌寒くなる。

TRAVEL PLAN:

3泊5日のプラン例

1日目： 羽田発〜ヨーロッパ1、2都市乗り継ぎ〜イビサ島着
2、3日目： イビサ島滞在
4、5日目： イビサ島発〜ヨーロッパ1、2都市乗り継ぎ〜羽田着

ビーチ

イビサ島には複雑な海岸線があり、ビーチも無数にある。海を隔てて岩の島が見える幻想的な『カラ・ドート』、広くて有名な『プラヤデンボッサ』、近くに塩田が広がる『セス・サリナス』などがオススメビーチ。世界一と言われる夕陽を、波打ち際でぜひ。

フォルメンテーラ島

イビサタウンの港からフェリーで約1時間。船がまるで空中に浮いているかのように見えるクリアブルーの海と、美しいビーチでゆっくりできる島。夜遊びで疲れたらちょっと休みに行くのもオススメだ。DJが同乗する船で、踊って遊びながら行けるボートパーティーもある。

この旅の相談、手配先 ARRANGING THE TRIP

H.I.S
www.his-j.com

日本全国にあるH.I.Sの営業所にて旅の相談や手配が可能だ。スペインにも支店があるので、現地入りしてから困ったことなどがあった場合、すぐに連絡できるので心強い。日本でも、現地でも頼りになる旅行会社だ。

ラクダのキャラバンでサハラ砂漠を歩きたい！

DREAM TRIP 31

サハラ砂漠に暮らす遊牧民・トゥアレグと共に、
ラクダのキャラバンでオアシスを目指す旅

「サハラ砂漠」
Sahara Desert

アルジェリア
Algeria

31「サハラ砂漠／アルジェリア」 Sahara Desert / Algeria

砂漠の民トゥアレグ

複数の国にまたがる世界最大の砂漠『サハラ砂漠』。その面積は1,000万㎢にも及び、アフリカ大陸の3分の1を占める果てしなく広大なものだ。この地で千余年もの間、ノマド＝遊牧民として暮らしてきたトゥアレグのキャラバンの一員になって、緑溢れるオアシスを目指す。そんなロマンに満ちた旅がある。キャラバンの舞台は、アフリカ大陸の北部に位置する国アルジェリア。その南東の街ジャネットが起点となる。トゥアレグの人々と合流し、見渡す限りの砂の海へとラクダの手綱を引きながら、一歩を踏み出す。ラクダは荷物を積むもので、人間は歩くのが基本となるが、疲れたらラクダに乗っての移動も可能だ。
キャラバンの1日は至ってシンプル。朝陽を浴びながらの朝食、荷造りして数時間歩き、日陰で昼食と昼寝。再度荷造りして時々ラクダに乗りながら数時間歩き、お茶を飲んで夕食。テントまたは直に砂の上で就寝……と、余計なことを考える必要がない日々は、ある意味とても贅沢な時間となる。歩き続けて6日目、遂に目的地のエセンディレン＝神秘の泉に到着する。両脇を岩山に囲まれた谷で、その奥地には美しい水を湛えた泉がある。久しぶりに目にする緑鮮やかな木々と、聞こえてくる小鳥の声。共に歩いてきた遊牧民と感動を分かち合い、水を手や足、顔に浸すと細胞が蘇り、感動に包まれる。遮る物がまったくない大きな青い空、黄土色の砂に強烈な光を浴びせる太陽の下、ゆっくりと歩き、朝陽、夕陽、満天の星空、神秘の泉に心を癒される。リアルな砂の感触と、ラクダの揺れ、砂漠の民の生き方を知り、大自然に身を委ねるキャラバントリップ。

いくらかかる？ How much?

27万円～

＜大人1名分の総予算＞

※旅の予算は本書プラン例の目安料金です。
※飛行機代、現地ツアー代、食事含む、燃油サーチャージ除く

どうやって行く？ How to get there

約17時間

＜片道の合計時間＞

日本からアルジェリアまでの直行便は運行していない。フランスのパリや中東などを乗り継ぎ、アルジェリアの玄関口アルジェへ。そこから国内線でジャネットに行くことになる。成田～パリは約12時間30分、パリ～アルジェは約2時間15分、アルジェ～ジャネットは約2時間10分。

いつがオススメ？ Trip Season

10月～4月

＜ベストシーズン＞

サハラ砂漠の観光シーズンは基本的に10～4月。砂漠なので昼は半袖で過ごせるが、夜は気温がグッと下がって0℃くらいになることもあるので、夏服だけではなくフリースなどの防寒着も必要だ。それ以外のシーズンも旅は可能だが、酷暑となるので避けたい。

TRAVEL PLAN:

9泊12日のプラン例

1、2日目： 成田発～パリ、アルジェ乗り継ぎ～ジャネット着
3～10日目： キャラバン
11、12日目： ジャネット発～アルジェ、パリ乗り継ぎ～成田着

ガルダイア

アルジェリア中部、ムザブの谷にあるガルダイア。ここは想像力の源泉と言われており、「デザインに困ったらガルダイアに行け」と言われるほど町の景観が魅力的なところ。盆地に5つの丘があり、ふもとから頂上に向かって、白やベージュ、黄土色の家々が連なる。

タッシリ・ナジュール

ラクダでのキャラバンツアーとは別に、タッシリ・ナジュールという山脈をロバと一緒に登るツアーもある。山脈のタッシリ台地では、ユネスコ世界遺産にも登録されている新石器時代に描かれた壁画を見ることができる。

この旅の相談、手配先 ARRANGING THE TRIP

サハラエリキ
http://sahara-eliki.org/JP/

デコード豊崎アリサさんが立ち上げた遊牧民を支援する団体。本書で紹介した旅は、この『サハラエリキ』のツアーだ。遊牧の民、トゥアレグの本物のキャラバンに同行できるというのが魅力。サイトは日本語でも表示され、問い合わせメールも日本語でOKだ。

不思議な
童話世界
を歩きたい！

DREAM
TRIP
32

とんがり屋根が連なる、
南イタリアの童話世界へ迷い込む旅

「アルベロベッロ」
Alberobello

イタリア
Italy

32「アルベロベッロ／イタリア」 Alberobello / Italy

南イタリアの童話世界

長靴の形をした国、イタリア。その南部のちょうど踵にあたる部分に、オリーブ畑が広がる町、アルベロベッロは位置している。
この町には、トゥルッリと呼ばれる円錐形をしたかわいいとんがり屋根が建ち並び、まるでおとぎ話の国のような独特の光景が広がっている。この不思議な景観を目にすれば、この町が世界遺産に指定されたのもうなずけるだろう。
トゥルッリとは、白い漆喰で塗られた石造りの家。『家』とは言っても、その屋根の下には1部屋しかなく、石を積み上げげただけの簡易的なもの。このような建物が並ぶ理由は15世紀に遡る。当時、地域の税額は家の数によって決まっていた。そこでこの地域の領主は、税金対策のために、査察の度に家を壊すように市民に指示。何度も何度も壊しては作らねばならなかった市民は、考えた抜いた末にこの建築方法に辿りついたのだ。つまり、トゥルッリは、税金対策のための建物だったのだ。
今でも1,000軒以上ものトゥルッリが残り、アイア・ピッコラ地区では人々が今も営みを続け、なだらかな斜面が続くモンティ地区では土産屋や飲食店として利用されている。現在に伝承された独特な建築様式が紡ぐこの素晴らしい光景は、まさに童話世界。両脇にトゥルッリが立ち並ぶ道を歩いていると、まるで別世界に迷い込んだ不思議な気持ちになるだろう。
世界遺産にも登録された童話世界、南イタリアに残る希有な町並みを歩く旅へ。

いくらかかる？ How much?

16万円～

<大人1名分の総予算>

※旅の予算は本書プラン例の目安料金です。
※飛行機代、宿泊費、現地送迎、食事（朝3回）含む、燃油サーチャージ除く

どうやって行く？ How to get there

約15時間

<片道の合計時間>

成田からイタリアの首都ローマまで直行便が運行している。そこからアルベロベッロ最寄りの空港バーリまでは国内線で移動することになる。成田～ローマ約12時間50分、ローマ～バーリは約1時間10分、バーリ～アルベロベッロは車で約1時間。

いつがオススメ？ Trip Season

4～7月 9～10月

<ベストシーズン>

最高気温が40℃を超える夏や、雪の降る冬は避けた方が無難。4～7月、9～10月が、朝晩の気温差はあるものの、観光に適したシーズン。晴れると日射しが強くなるが、乾燥した気候なので、日陰に入れば涼しく快適だ。

TRAVEL PLAN:

3泊5日のプラン例

1日目： 成田発～ローマ乗り継ぎ～バーリ着
2、3日目： アルベロベッロ、ローマ滞在
4、5日目： ローマ発～羽田着

周辺情報 1 PERIPHERAL INFORMATION

ローマ

「永遠の都」と呼ばれるほど歴史豊かな町で、世界遺産の宝庫とも言われている。古代ローマ遺跡のフォロ・ロマーノ、円形闘技場コロッセオ、その全域が世界遺産の世界最小国家バチカン市国など、数日滞在しても見所は尽きない。

周辺情報 2 PERIPHERAL INFORMATION

ナポリ

「ナポリを見てから死ね」という言葉があるほど、美しい街として称えられている。特に夜景の美しさは世界的にも有名だ。バーリからバスに乗って3時間ほどの距離にあるので、ローマへの帰路に立ち寄ってみるのもオススメ。

この旅の相談、手配先 ARRANGING THE TRIP

エス・ティー・ワールド
stworld.jp

日本を拠点としながらも、世界中にネットワークを持つ旅行会社。旅の日数や宿も含め、色々とアレンジできるので、まずは気軽に相談してみよう。豊富な種類のパッケージ旅行も魅力だ。

リオのカーニバルに参加して踊りたい！

DREAM TRIP
33

サンバダンサーの一員としてゴージャスな衣装を着て、
メインパレードを踊り歩く旅

「リオデジャネイロ」
Rio de Janeiro

ブラジル
Brazil

NOVA
SCHIN

33 「リオデジャネイロ／ブラジル」 Rio de Janeiro / Brazil

リオのカーニバル

ブラジル南東部に位置する同国第2の都市、リオデジャネイロ。コパカバーナビーチやイパネマビーチ、巨大なキリスト像が両手を広げてそびえるコルコバードの丘などを擁する、世界有数の観光地だ。この街で年に一度開催されるのが、世界で最もゴージャスで華やかなお祭り、リオのカーニバル。百花繚乱の豪華な衣装を着て、陽気なサンバの音楽と共に何万人もの人々が踊り歩くパレードのスケールは大迫力の一言。世界中から大勢の人々がカーニバルの期間にリオを訪れるが、その9割以上は『鑑賞者』。もちろんそれが普通であり、充分に刺激的な体験ができる。しかし、あまり知られてはいないが、豪華な衣装を身につけて参加する方法もあるのだ。

基本的には地元の祭なので、ブラジルに暮らすことが参加するための正攻法。しかし、一部では外国人枠が設けられているのだ。ブラジルの一部の旅行会社が特定のサンバ学校の会員となっているから貰えるという貴重な枠。この枠に申し込めば、自分が着る衣装代を払うだけで、本当に参加することができる。豪華な衣装だけに10～15万円ほどの費用がかかるが、もちろん持ち帰ることもできるので、一生に一度の思い出の品として考えればそれほど高くはないとも言える。また、サンバが踊れないという人も問題はない。なにせ1チームが3000～4000人にもなるパレードなので、『名脇役』として楽しむだけでOKだからだ。

ゴージャスな衣装を身につけ、大音量の音楽に乗せて、沿道を埋め尽くす大観衆の間を踊り歩くひととき。それは人生で一番心から楽しいと思える時間かもしれない。

いくらかかる？ How much?

44万円～

<大人1名分の総予算>

※旅の予算は本書プラン例の目安料金です。
※飛行機代、宿泊費、現地送迎、衣装代含む、一部食事、燃油サーチャージ除く

どうやって行く？ How to get there

約22.5時間

<片道の合計時間>

日本からブラジルへの直行便は運行していない。アトランタやヒューストンなどアメリカの1都市を乗り継いで行く。成田～アトランタは約12時間30分、アトランタ～リオデジャネイロは約9時間45分。

いつがオススメ？ Trip Season

2月～3月

<ベストシーズン>

カーニバルの時期は2月上旬から3月上旬の間で、毎年若干異なる。ブラジル政府観光局や旅行会社のサイトなどで確認しよう。また、自分が出場するサンバ学校のパレードのタイミングがいつになるかは、旅行会社に問い合わせて確認しよう。

TRAVEL PLAN:

5泊8日のプラン例

1、2目： 成田発～米国1都市乗り継ぎ～リオデジャネイロ着
3～5日目： リオのカーニバル
6～8日目： リオデジャネイロ発～米国1都市乗り継ぎ～成田着

イグアスの滝

アルゼンチンとブラジルの2カ国にまたがる、世界最大の滝『イグアスの滝』。北米のナイアガラ、アフリカのビクトリアと並び、世界三大瀑布のひとつとして数えられている。毎分36億リットルの水量と2.7kmもの川幅は、世界一の規模を誇る。

レンソイス

ブラジル北東部にあるレンソイス・マラニャンセス国立公園。東京23区が2つも入ってしまうほど広大な大地には、真っ白な砂が広がり、碧の色調が美しいラグーンが無数に点在している。空中遊覧も可能なので、陸から空からと奇跡の景色を眺めてみよう。

この旅の相談、手配先
ARRANGING THE TRIP

ウニベルツール
www.univer.net

長年に渡って日本人をブラジルで受け入れている旅行会社。サンパウロとリオデジャネイロに支店を持ち、パレード参加を手厚くケアしてくれる。ただし、パレードに参加できる人数は毎年5～10人程度なので、参加を希望する場合は早めに連絡を取りはじめよう。

樹の上にある ツリーホテル に泊まりたい！

DREAM TRIP 34

スウェーデンの山中に浮かぶ、
他に類を見ない樹上ホテルに泊まる旅

「ルレオ」
Lulea

スウェーデン
Sweden

34 「ルレオ／スウェーデン」 Lulea / Sweden

宙に浮かぶホテル

光や水、そして空気と同じように、当たり前のように『デザイン』が同居している北欧。心温まる北欧デザインは今、急速に世界中に広まり、家具や雑貨のみならず数々の建築にも及んでいる。そんな最先端の北欧デザインと自然が融合した個性的な外観を持つ『ツリーホテル』がスウェーデンにある。

北極圏の南、約60kmの位置にあるスウェーデン北部の街ルレオ。ツリーホテルへ行く際の拠点となる街だ。そこから北西に向け車で約1時間走れば、ツリーホテルのあるハラッズ村に到着する。チェックインを経て、森に足を一歩踏み入れると、澄み切った空気と鳥のさえずりが出迎えてくれる。そして5分も歩けば突如として奇想天外な樹上の人工物、ツリーホテルがその姿を見せる。小枝を密集させて作った鳥の巣の外観を模した『バードネスト』、広大な針葉樹の海を臨む『ブルーコーン』、ルレ川の渓谷の素晴らしい眺めを堪能できる箱型の『キャビン』、周囲の景観に溶け込んで存在を消す、鏡張りの『ミラーキューブ』、少年の憧れを形にした宇宙船『UFO』、会議室まで備わるツリーホテル最大の『ドラゴンフライ』などなど、6つの個性溢れる部屋が宙に浮かぶ。どれも室内は最先端の北欧モダンデザインで、快適な滞在を約束してくれる。また、1年を通じて森の中のサウナや先住民族文化を楽しめ、夏秋にはカヤックや乗馬、サイクリング、冬春には雪上散策やアイスフィッシングで遊ぶこともできる。

宿泊すること自体がとびっきりの体験となる樹の上のホテル。ぜひ一度泊まってみよう。

TRAVEL INFORMATION:

いくらかかる？ How much?

24万円~

＜大人1名分の総予算＞

※旅の予算は本書プラン例の目安料金です。
※飛行機代、宿泊費、一部食事含む、現地送迎、燃油サーチャージ除く

どうやって行く？ How to get there

約15時間

＜片道の合計時間＞

日本からスウェーデン北部の街ルレオへは、デンマークのコペンハーゲン、スウェーデンのストックホルムを乗り継いでいくのが一般的。成田~コペンハーゲンは約11時間30分、コペンハーゲン~ストックホルムは約1時間10分、ストックホルム~ルレオは約1時間15分。ルレオからツリーホテルまでは車で1時間ほど。

いつがオススメ？ Trip Season

6月~8月

＜ベストシーズン＞

冬のアクティビティがあるぐらいなので、1年を通して行くことができる。暖かくも空気がカラっとしていて快適に過ごせる(6~8月)が日照時間も長くオススメのシーズン。

TRAVEL PLAN:

5泊7日のプラン例

1,2日目： 成田発~コペンハーゲン、ストックホルム乗り継ぎ、ルレオ着、ツリーホテルに移動
3~5日目： ツリーホテル、ルレオ発~ストックホルム着
6~7日目： ストックホルム発~コペンハーゲン乗り継ぎ~成田着

ストックホルム

世界で最も美しい首都との呼び声も高い、スウェーデンの街。最大の見所は、ストックホルム発祥の地でもある小島に築かれたガムラスタンという名の旧市街だ。他にもノーベル賞の祝賀晩餐会が行われる市庁舎や、壮麗なドロットニングホルム宮殿なども見所。

コペンハーゲン

北欧の中でも魅力的な都市のひとつ、デンマークのコペンハーゲン。王宮や人魚姫の像など、観光ポイントも盛りだくさん。またデパートや大型ショッピングモール、デザイン、アンティークショップなどなどバラエティに富んだ店が所狭しと並ぶ街の散策もオススメ。

この旅の相談、手配先 ARRANGING THE TRIP

フィンツアー
www.nordic.co.jp

北欧一筋30年以上もの歴史を持つ旅行会社。北欧のプロフェッショナルなので、パッケージツアーも個人手配も得意としている。現地滞在時には24時間日本語電話サポートを用意するなど、北欧に行く際はとても頼りになる存在だ。

水に浮かぶ 神秘の町 を訪れたい！

DREAM TRIP 35

ペルーの秘境の湖で、
世にも奇妙な『水に浮かぶ町』の文化にふれる旅

「ウロス島」

Uros Island

ペルー
Peru

35 「ウロス島／ペルー」 Uros Island / Peru

神秘に満ちた古代湖に浮かぶ集落

南米西部に位置する太平洋に面した国、ペルー。その首都リマの遥か南東、標高約3,800mもの高地に『汽船などが航行できる最高所の湖』として知られるチチカカ湖はある。琵琶湖の12倍もの面積を持ち、6割がペルー、残りの4割が隣国ボリビアにまたがっている。
そこには世にも奇妙な大小25の島と45もの島が浮かんでいる。それらは総称してウロス島と呼ばれ、この地に生えるトトラという葦《あし》で作られた人工の島々だ。島の寿命は10～15年と言われ、定期的に作り直したり、修繕したりを繰り返しながら現代に受け継がれてきた伝統ある島なのだ。
島の上を歩いてみるとフワフワとした感触こそあるものの、沈む気配をまったく感じないほど頑丈に作られている。そこに暮らすのはカラフルな民族衣装を纏う先住民のウル族。彼らは湖上に浮かぶ島の上に家を築き、湖で魚を捕り、畑を作り、家畜を放牧しながら営みを続けてきた。そして現在では観光客の受け入れも行っており、トトラで作った伝統的な船の小さな模型などのお土産も揃えている。
世界的にも類い希なる風景が広がる湖で、先住の民と出逢い、水上に築かれた不思議な集落を歩く。ペルーの秘境とも言うべき、ウロス島の旅へ。

「ウロス島／ペルー」

いくらかかる？
How much?

30万円～

<大人1名分の総予算>

※旅の予算は本書プラン例の目安料金です。
※飛行機代、宿泊費、現地送迎含む、食事、燃油サーチャージ除く

35 Uros Island
Peru
TRAVEL PLAN:

どうやって行く？
How to get there

約21時間

<片道の合計時間>

日本からペルーまで直行便は運行していない。ペルーの玄関口リマへはアメリカのヒューストンやアトランタ、ダラスなどの都市で乗り継ぐのが一般的だ。リマからは国内線でチチカカ湖最寄りの空港フリアカへ。そこからプーノの町まで車で約30分、プーノからウロス島まではボートで約30分。成田～ヒューストンは約11時間45分、ヒューストン～リマは約6時間30分、リマ～フリアカは約1時間40分。

いつがオススメ？
Trip Season

5月～9月

<ベストシーズン>

高地にあるため、1年を通じて涼しい。乾期（5～9月）と雨期（10～4月）に分かれている。比較的暖かく好天に恵まれやすい乾期に訪れるのがオススメだ。朝晩は冷え込むので、防寒具を一枚持参しよう。

TRAVEL PLAN:

3泊6日のプラン例

1日目： 成田発～ヒューストン乗り継ぎ～リマ着
2～3日目： リマ発～フリアカ着、チチカカ湖滞在
4～6日目： フリアカ発～リマ、ヒューストン乗り継ぎ～成田着

マチュピチュ

リマから国内線でクスコへ行き（所要約1時間20分）、そこからさらに車や列車で約4時間の所に位置する憧れの世界遺産。カミソリの刃一枚すら入らない精巧な石造りの建築物が謎めきながら残るその姿は必見。インカ帝国の失われた都市を旅しよう。

ウユニ塩湖

「世界最高の絶景」との呼び声も高い、真っ白な世界が広がるウユニ塩湖にもぜひ。純白の大地以外にも『魚の島』と名付けられた巨大サボテンが生えている島や、数十年前の廃棄された列車が眠る『鉄道墓場』、そして少し離れるが『荒野の温泉』もある。ぜひ立ち寄ってみよう。

この旅の相談、手配先
ARRANGING THE TRIP

ism
shogai-kando.com

北米、南米、オーストラリアなど多くの地域をカバーしている旅行会社ism。パッケージ旅行はもちろん、オーダーメイドにも対応している。一生に一度の感動の旅をプロデュースしてくれる頼れる存在。まずは気軽に問い合わせてみよう。

世界最長の氷の洞窟を歩きたい!

DREAM TRIP 36

地獄への入口か、天国への迷宮か。
山中に佇む氷点下の世界を歩く旅

「アイスリーゼンヴェルト」
Ice cave

オーストリア
Austria

36 「アイスリーゼンヴェルト／オーストリア」 Ice cave / Austria

世界最長の氷の洞窟

スイスやドイツ、チェコ、ハンガリー、スロベニアなどの国々に囲まれたヨーロッパ中部の国、オーストリア。そのドイツとの国境近く、ザルツブルク近郊にヴェルフェンという町がある。
ここに、1879年にザルツブルグの研究者によって発見され、この地に暮らす人々の間で『地獄への入り口』と恐れられていた、世界最長の氷の洞窟アイスリーゼンヴェルトがある。
入口は標高1,600mの岩山の斜面に位置するため、切り立った山をロープウェイで登って行く。洞窟の扉を開けると冷風が吹き、一歩踏み入れれば、そこは夏でも氷点下の氷の世界。全長はなんと42㎞。洞窟内には、巨大な氷のツリー、白く滑らかな壁、無数に連なる氷柱、ライトアップされた氷のトンネル……と、氷の洞窟ならではの景観が広がっている。それは、地獄の景色とは程遠い、美しい迷宮に迷い込んだかのような世界だ。
また、街自体が世界遺産に登録されているザルツブルクでは、モーツァルトの生家や映画『サウンドオブミュージック』の劇中にて“ドレミの歌”が唄われたミラベル庭園などを楽しむことができる。オーストリアで最も風光明媚と言われる湖水地方『ザルツカンマーグート』では、点在する大小の美しい湖を堪能しよう。
巨大な氷の世界、アイスリーゼンヴェルトと共に、オーストリアの魅力にふれよう。

「アイスリーゼンヴェルト
／オーストリア」

いくらかかる？ How much?

15万円～

＜大人1名分の総予算＞

※旅の予算は本書プラン例の目安料金です。
※飛行機代、宿泊費、現地送迎、食事（朝3回）代、2・3日目のツアー代含む、燃油サーチャージ除く

どうやって行く？ How to get there

約13.5時間

＜片道の合計時間＞

成田からザルツブルグまでは直行便が運行していない。オーストリアのウィーンやドイツのフランクフルトでの乗り継ぎが必要となる。成田～ウィーンは約11時間50分、ウィーンからザルツブルグは約50分。ザルツブルグからアイスリーゼンヴェルトまでは、車で約40分。

いつがオススメ？ Trip Season

5月～10月

＜ベストシーズン＞

オーストリアは一年中観光が可能だが、冬期はアイスリーゼンヴェルトが閉鎖となる。5月1日～10月26日の間は毎日オープンしている。

TRAVEL PLAN:

3泊5日のプラン例

1日目： 成田発～ウィーン継ぎ～ザルツブルグ着
2、3日目： ザルツブルグ旧市街、ザルツカンマーグート、アイスリーゼンヴェルト観光
4、5日目： ザルツブルグ発～ウィーン乗り継ぎ～成田着

周辺情報1 PERIPHERAL INFORMATION

ウィーン

オーストリアの首都。バロック時代、全ヨーロッパを実権支配したハプスブルク家の都としても知られる。特にハプスブルク家の夏の離宮「シェーンブルン宮殿」と「ウィーン歴史地区」は必見だ。

周辺情報2 PERIPHERAL INFORMATION

ミュンヘン

数百年前の建物と現代文明が融合する街。マリエン広場から広がる歴史情緒漂う街を歩いたり、博物館巡りをしたり、車やバイク好きならBMWミュージアムを訪れたり……楽しみ方は多種多様。夜は、ドイツを代表する最強タッグ『ビール』×『ソーセージ』で乾杯を！

この旅の相談、手配先 ARRANGING THE TRIP

パノラマツアーズ
panoramatours.com

オーストリアに拠点を置く旅行会社。アイスリーゼンヴェルトをはじめ、オーストリア各地の 定期観光ツアーを催行している。日本語を話せる担当者が常駐しているので、とても心強い。連絡する際は、上記サイトからメールを送ろう。

モンゴルで馬に乗り遊牧民ライフを送りたい！

DREAM TRIP 37

移動式ゲルに暮らしながら、馬に乗って、見果てぬ大草原を駆け抜ける旅

「内モンゴル」
Inner Mongolia

37 「内モンゴル」 Inner Mongolia

見渡す限りの大草原

中国北沿に位置する内モンゴル自治区。その北には共通の文化圏を持つ国、モンゴルがある。即ちモンゴルと一言で言っても中国に属するモンゴルと、独立国家モンゴルがあるというわけだ。この旅の舞台は、内モンゴル中東部のシリンホトから始まる。見渡す限りの大草原が広がる道をバスで走り、遊牧民族の移動式住居『ゲル』へ。ゲルとは、部屋の中央に立つ柱とそこから放射線状に伸びる木で構成されたシンプルなテント。直径は5mほどあり、天井が高く広々としている。到着すると、馬乳酒が配られ、彼らの歌声と馬頭琴《ばとうきん》で歓迎を受ける。いよいよ遊牧民たちとのモンゴルライフのスタートだ。この旅最大のハイライトとなる乗馬は、フィーリングの合う馬を選び、馬上へ上がることから始まる。最初は周辺をゆっくりと闊歩。慣れてきたら大草原へ駆け出そう。ウォーク（常歩･なみあし）、トロット（速歩･はやあし）、キャンター（駈歩･かけあし）、ギャロップ（襲歩・しゅうほ）と、徐々にスピードを上げてゆく。青空の下、どこまでも続く大草原を自由気ままに。頬を撫でるそよ風は疾風へと変わり、爽快感が体中に押し寄せるだろう。見晴らしのよい丘でお弁当を食したり、草の上で寝転がったり。馬との時間を満喫し、夕方になると夕陽が草原を黄金色に染めてゆく。そして夜になれば、キャンプファイヤーを囲み、草原白酒というアルコール度数60度の強い酒で乾杯だ。空を見上げてみれば、まるでミルクをこぼしたかのような星空が広がっている。馬と共に風を感じ、遊牧民の人々と毎晩一緒に食事をし、歌を歌い、踊る……。溢れんばかりの自由に満ちた大草原の旅を駆けてみよう。

いくらかかる？ How much?

23万円〜

＜大人1名分の総予算＞

※旅の予算は本書プラン例の目安料金です。
※飛行機代、宿泊費、現地ツアー代、食事含む、燃油サーチャージ除く

どうやって行く？ How to get there

約7.5時間

＜片道の合計時間＞

内モンゴルへの直行便は運行していない。玄関口となるシリンホトへは中国の北京を乗り継いで行くことが一般的だ。成田〜北京は約4時間15分、北京〜シリンホトは約1時間10分。シリンホトからゲルのある大草原まではバスで移動する。

いつがオススメ？ Trip Season

7月〜8月

＜ベストシーズン＞

通年訪れることが可能だが、中でも大草原に花が咲き乱れる7月下旬〜8月初旬がベストシーズンと言える。

TRAVEL PLAN:

6泊7日のプラン例

1、2目：成田発〜北京着、北京発〜シリンホト着、ゲルに移動
3〜5日目：乗馬、キャンプ、遊牧民ライフ
6、7日目：シリンホトに移動、シリンホト発〜北京乗り継ぎ〜成田着

北京

中国の首都・北京。アジアで注目のアーティスト街や新市街には、様々な買い物スポットもでき、近代的な大都市に変貌を遂げている。またかつての明清朝の王宮であった故宮や皇帝が愛した庭園『頤和園《いわえん》』など一度は行きたい場所が盛りだくさんだ。

万里の長城

中国を代表する世界遺産。総延長8,851kmという世界最大の遺産だ。北京から約60kmの距離にある八達嶺長城は、名所のひとつで王朝の威厳を示すために特に堅牢になっている。尾根沿いに延びる建物は、まるで蛇のように山肌をつたっている。

この旅の相談、手配先
ARRANGING THE TRIP

Explorer/地球探検隊
http://expl-tokyo.jp/

見るだけでなく「体験」を大事にする旅行会社。毎年内モンゴルのツアーを手配しているので、知識も実績も豊富で、とても心強い。本ツアーは北京発着となるが、もちろん北京までの行き方も教えてくれるので、気軽に相談してみよう。

世界最高の星空を見たい！

DREAM TRIP 38

世界中で最も星が美しく見えるハワイ最高峰の山頂で、
夜空を埋め尽くす満天の星空に包まれる旅

「ハワイ島」
Hawaii island

アメリカ
USA

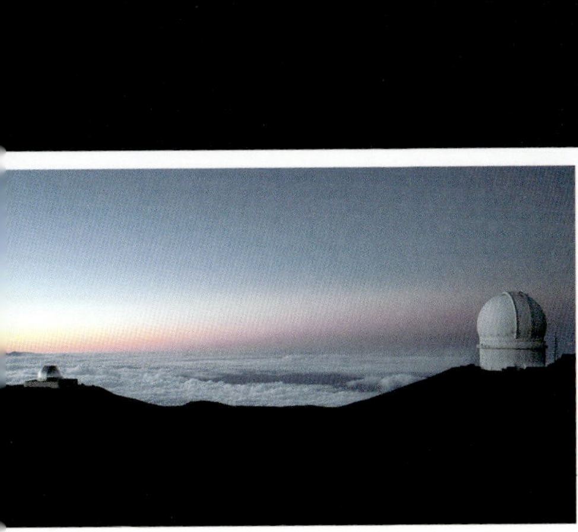

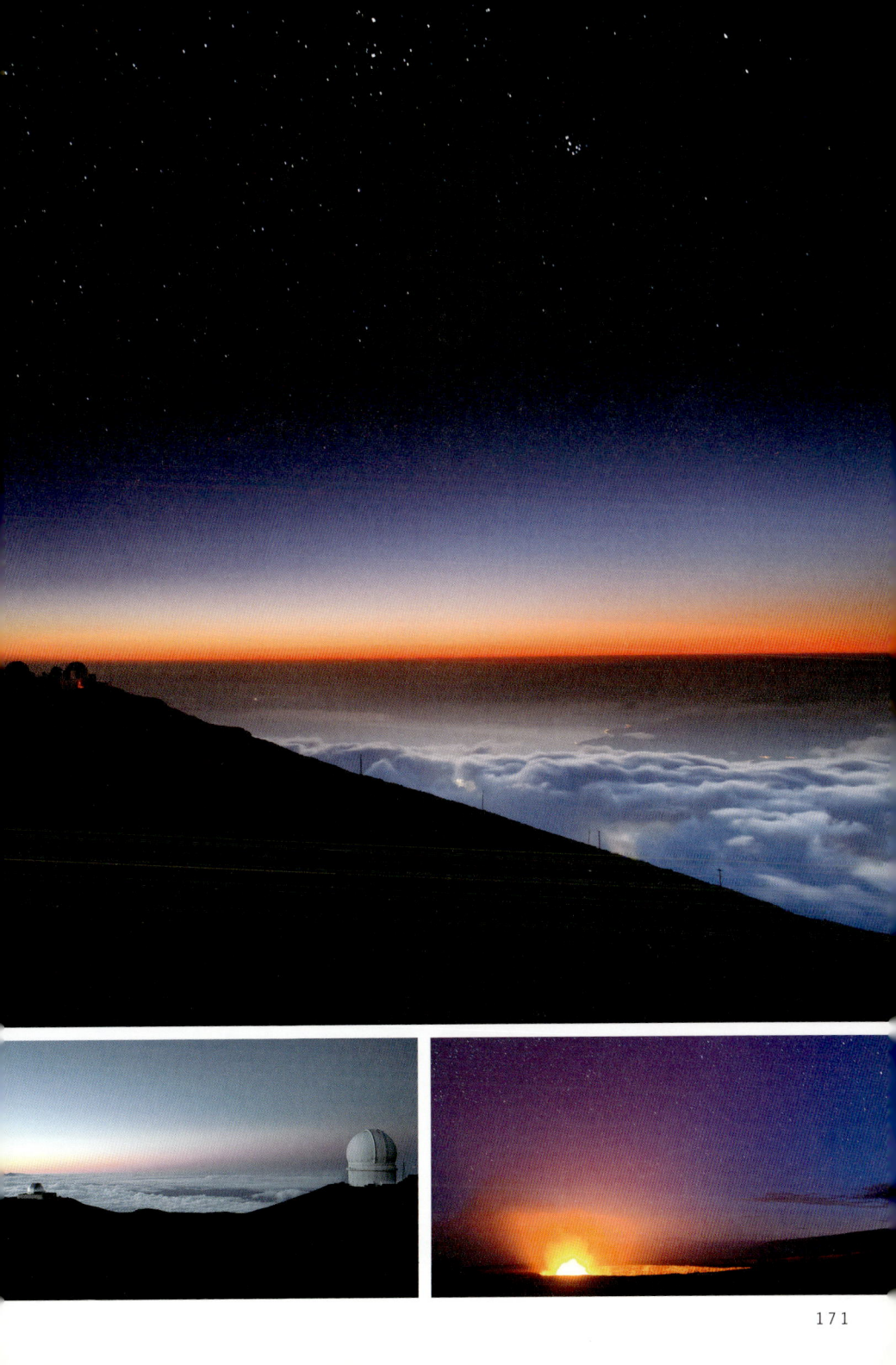

38 「ハワイ島／アメリカ」 Hawaii island / USA

世界最高の星空

太平洋に浮かぶハワイ諸島。ハワイの代名詞と言えばオアフ島だが、世界最高の星空はハワイ諸島最大の島『ハワイ島』で見ることができる。「ビッグアイランド」とも呼ばれているこの島は、島全体がパワースポットとして知られ、どこでも大地のパワーを授かることができると言われている。加えて、世界有数の活火山を擁し、ドルフィンスイムやカジキ釣り、極上のビーチにエコビレッジ…と、様々な魅力に溢れている。そして、海底からの高さが1万mを超えるマウナ・ケアの山頂は、世界最高の星空鑑賞スポットとして呼び声が高い。晴天率が高く、まわりに明かりがないなど好条件が揃っているこの場所は、「地球上で最も宇宙に近い」と言われ、世界各国の天文台が最先端技術を駆使して天体観測を行っているほど。
山頂まではオフロード車に乗って行く。途中、標高2,800mにあるオニヅカビジターセンターで一時停車して休憩し、体を高地に慣らす。そして、走ること30分。到着する山頂は、既に雲の上だ。地平線に沈みゆく神秘的な太陽を堪能したら、少し高度を下げ星空観賞が始まる。空が闇に染まっていくと同時に、ポツリ、ポツリと星が輝きはじめ、しばらくすると、夜空は完全に星で埋め尽くされる。まるで黒いキャンバスに白い絵の具を撒き散らしたようだ。ただただ見上げる満天の星空。その美しさには、感嘆の声も出ないほど見入ってしまうだろう。
世界でも星空鑑賞に最適な地、ハワイ島。朝から晩まで遊び尽くすことができるビッグアイランドを旅しよう。

いくらかかる？
How much?

18万円～

＜大人1名分の総予算＞

※旅の予算は本書プラン例の目安料金です。
※飛行機代、宿泊費、アクティビティ代含む、食事、燃油サーチャージ除く

どうやって行く？
How to get there

約8.5時間

＜片道の合計時間＞

日本からハワイ島まで直行便は運行していない。そのため、オアフ島のホノルルで乗り継ぐ必要がある。ハワイ島には、東西に2つの国際空港があり、東がヒロ、西がコナだ。本書ではコナを拠点としている。成田～ホノルルは約7時間30分、ホノルル～コナは約45分。

いつがオススメ？
Trip Season

通年

＜ベストシーズン＞

1年中がベストシーズンと言われるハワイ。大きく分ければ5～10月が夏、11～4月が冬ではあるが、温暖な気候のため、どちらも心地いいシーズンだ。ハワイ島は多くの気候を堪能できる所でもあるので、どちらの時期に訪れても夏と冬を体験できる。

TRAVEL PLAN:

5泊7日のプラン例

1日目： 成田発～ホノルル乗り継ぎ～コナ着
2～6日目： ドルフィンスイム、キラウエア火山、トローリング、星空鑑賞など
7、8日目： コナ発～ホノルル乗り継ぎ～成田着

ホノルル／オアフ島

どこに行っても日本語が通じるというぐらい、日本人旅行者に優しいオアフ島。ショッピングも観光も楽しむことができる。有名な「この木なんの木 気になる木」の木も、ここオアフ島のモアナルア・ガーデンで見ることができる。

カウアイ島

ハワイ諸島の最北端に浮かぶ島。「庭園の島」とも称されるほどに豊かな植物が茂る島だ。その北部に延びる約27kmもの海岸線『ナパリコースト』には、古来よりほとんど姿を変えない原始の風景が広がっている。圧倒的なスケールを誇る自然の芸術を望むことができる。

この旅の相談、手配先
ARRANGING THE TRIP

Maikai Ohana Tours
www.maikaiohana.com

ヒロに拠点を置く旅行会社。ハワイ島を隅から隅まで知り尽くしているので、とても頼りになる存在だ。旅の手配から相談、ワンポイントアドバイスまで、日本語でOKだ。

広大な荒野を4WDで駆け巡りたい！

DREAM TRIP
39

秘境・アウトバックを４ＷＤで駆け巡り、
大自然、野生動物、満天の星空に出逢う冒険の旅

「アウトバック」
Outback

オーストラリア
Australia

39 「アウトバック／オーストラリア」 Outback / Australia

アウトバックを駆け巡る

僻地、荒野、人口の少ない地域……オーストラリアに点在する、このような大自然を指す言葉「アウトバック」。南オーストラリア州南部、エアー半島の中央にある『ガウラーレンジ国立公園』もそのひとつだ。どこまでも続く赤茶色の大地は、地質学的、生息する動植物の両面からもとても貴重な存在で、保護の対象になっている、まさに秘境だ。
その過酷な大地を四輪駆動車＝4WDで駆け巡る、魅惑のサファリ体験を楽しむことができる。大地では縦横無尽に走り回るカンガルー、ウォンバット、エミューなどの野生動物に出逢い、海へと足をのばせば、イルカやアシカにも遭遇し、そして、地平線を覆う真っ白な塩湖、大地に沈む大きな太陽、夜空に広がる満天の星空などの自然を体感できる贅沢な大冒険だ。
ガウラーレンジ国立公園の入口に建つ『カンガルーナ・キャンプ』がこの旅の宿泊地。アーティストでもあるこのキャンプのオーナーが、「過酷な環境で、いかに快適に過ごせるか」と考え抜いた末に完成させたテントだ。シャワーやトイレが完備された室内には、一点ものの家具がセンスよく配置され、窓から気持ち良い陽光がたっぷりと射し込む。夜は満天の星空の下で赤々と揺らめく優しい炎を見つめながら、ワインを片手にこのアウトバックの魅力に酔いしれる日々。
快適な極上キャンプを拠点に、手付かずの秘境・アウトバックを駆け巡ろう。

「アウトバック／オーストラリア」

いくらかかる？ How much?

35万円〜

＜大人1名分の総予算＞

※旅の予算は本書プラン例の目安料金です。
※飛行機代、宿泊費、現地送迎、アウトバックツアー代、食事、燃油サーチャージ含む

どうやって行く？ How to get there

約12.5時間

＜片道の合計時間＞

成田からシドニーまで直行便が運行している。そこから、アデレードを乗り継いでポートリンカーンへ。成田〜シドニーは約9時間45分、シドニー〜アデレードは約2時間10分、アデレード〜ポートリンカーンは約45分。

いつがオススメ？ Trip Season

11月〜3月

＜ベストシーズン＞

ゲイドナー湖が干上がる乾季(11〜3月)に訪れれば、地平線を覆う真っ白な塩湖を堪能できる。このシーズンであれば、海に入ることもできるのでオススメだ。

TRAVEL PLAN:

5泊8日のプラン例

1、2日目： 成田発〜シドニー乗り継ぎ〜アデレード着
3〜5日目： アデレード発〜ポートリンカーン着、ガウラーレンジ国立公園
6〜8日目： ガウラーレンジ国立公園、セデューナ発〜アデレード、シドニー乗り継ぎ〜成田着

シドニー

南半球を代表するグローバル都市。シンボルとされるハーバーブリッジや世界遺産のオペラハウスをはじめ、輝くビーチに賑やかなショッピング街、おしゃれなレストラン……少し足を伸ばせば青く輝く世界遺産のブルーマウンテンへも行くことができる。

アデレード

オーストラリア第5の都市。近代的なビル街と共にクラシック様式の古い建築物が共存する街だ。カンガルー島へと足を伸ばせばカンガルーやコアラ、アザラシ、ペンギンなどと出逢い、太古の姿を残すフリンダース山脈では地球の歴史を感じることができる。

この旅の相談、手配先 ARRANGING THE TRIP

ism
shogai-kando.com

北米、南米、オーストラリアなど多くの地域をカバーしている旅行会社ism。パッケージ旅行はもちろん、オーダーメイドにも対応している。一生に一度の感動の旅をプロデュースしてくれる頼れる存在。まずは気軽に問い合わせてみよう。

断崖絶壁に隠された秘密のビーチで泳ぎたい！

DREAM TRIP 40

映画『紅の豚』を彷彿させる絶景ビーチで泳ぐ旅

「ザギントス島」
Zakynthos Island

ギリシャ
Greece

40 「ザギントス島／ギリシャ」 Zakynthos Island / Greece

隠された秘密のビーチ

ヨーロッパ南東部はバルカン半島最南端に位置するギリシャ。国土の約20%、実に3,300もの島を地中海に浮かべている。それらの個性的で美しい島々は、大陸の世界遺産と並びギリシャを訪れる旅人に人気の旅先となっている。
その中でも訪れたいのが、イタリアとの間に広がるイオニア海最大の島、ザギントス島だ。オリーブやブドウ畑が広がる田舎情緒溢れるのんびりとしたこの島に、人々を魅了してやまない絶景ビーチがある。
島の北西部、絶壁に囲まれた『ナヴァイオビーチ』。そこは陸路からアクセスすることができず、船でしか行けない秘境。白い小さな入り江に上陸すると、朽ち果てたかつての密輸船が横たわっている、旅情を誘う歴史の演出だ。ザギントス島を囲む海は透明度の高い紺色だが、この入り江だけは波に削られた花崗岩が混ざり、鮮やかなターコイズブルーに染まる。夢のような景色に時間を忘れて見入ってしまうだろう。もちろん泳ぐのは最高に気持ちいいが、崖の上にある展望台からの景色も外せない。
映画『紅の豚』の舞台を彷彿とさせる、秘密のビーチへ。

いくらかかる？ How much?

14万円～

＜大人1名分の総予算＞

※旅の予算は本書プラン例の目安料金です。
※飛行機代、宿泊費、食事（朝4回）、燃油サーチャージ含む

どうやって行く？ How to get there

約18時間

＜片道の合計時間＞

日本からザギントス島の空港へ直行便はない。アテネへも直行便はなくヨーロッパや中東、アジア1都市での乗り継ぎが必要となる。アテネからザギントス島までは、飛行機を利用するか、バスと船を乗り継ぐことになる。飛行機でアテネ～ザギントス島は約45分。もしくは、市内のバスターミナルからザキントス島行きの発着港キリニ港までバスで約4時間、キリニ港からザギントス島まではフェリーで約1時間。

いつがオススメ？ Trip Season

6月～9月

＜ベストシーズン＞

基本的に暖かくなる時期と寒くなる時期は日本と同様と考えていい。地中海は春から秋が観光シーズンとなるが、泳ぐことを考えると、6～9月の間に訪れたい。なお、7～8月はハイシーズンとなるため、少々値段が上がる。

TRAVEL PLAN:

3泊5日のプラン例

1日目： 成田発～ヨーロッパ1都市乗り継ぎ～アテネ着
2、3日目： アテネ発～ザギントス島着　ザギントス島滞在
4、5日目： ザギントス島発～アテネ、ヨーロッパ1都市乗り継ぎ～成田着

PERIPHERAL INFORMATION 周辺情報 1

展望台

絶景ビーチを望める展望台への道順は、島の中心地であるザキントスタウンから北へと向かい、山を越えて反対側の海岸沿いへ。そこから小道に入ると、崖の縁から空中に張り出した小さな展望台がある。夏期の午後は混雑するので、早めの時間に訪れよう。

PERIPHERAL INFORMATION 周辺情報 2

アテネ

西洋文明発祥の地ギリシャには世界遺産が17件もある。特に首都アテネのアクロポリスは有名だ。アクロポリスの丘には、女神アテーナーを祀るパルテノン神殿や美しい女神が並ぶエレクティオン神殿などがある。一生に一度は訪れたいアテネのスポットだ。

この旅の相談、手配先
ARRANGING THE TRIP

H.I.S
www.his-j.com

広範囲に渡って世界中に支店を持つ旅行会社。その手配範囲の広さとリーズナブルな金額設定が魅力的だ。日本全国にあるH.I.S.の営業所にて旅の相談や手配が可能なので、まずは気軽に問い合わせしてみよう。

『星の王子さま』の世界バオバブ並木道を歩きたい！

DREAM TRIP 41

奇妙な形をしたバオバブの樹が紡ぐ、
神秘的な並木道を歩く旅

「モロンダバ」
Morondava

マダガスカル
Madagascar

41 「モロンダバ／マダガスカル」 Morondava / Madagascar

異彩を放つ巨木の並木道

アフリカ大陸南東部の東の沖合約400kmに浮かぶ島国、マダガスカル。
かつてはアフリカ大陸の一部だったが、長い年月をかけ分離した歴史を持つ。そのため、大陸とは異なる独自の環境が育まれてきた。特筆すべきは、生息する動植物の8割もが固有種と言う特異な生態系。その中でもバオバブの樹は、別格の存在感を放っている。
地面からすっくと伸びる太い幹、先端から広がる枝はまるで腕のようで、とても地球上の植物とは思えない姿をしている。高さ約20m、直径約10mにも及ぶこの神秘の巨木は、「悪魔が大きい樹を引っこ抜いて、逆さまに突っ込んだ」という神話があるくらい奇妙だ。世界に9種あるうちの6種が、この島にのみ生息していて、マダガスカルのシンボルとも言われている。
サン・テグジュペリの童話『星の王子さま』で、星を破壊する巨木として描かれていることでも有名で、それらが立ち並ぶバオバブの並木道は、まるで童話の世界に迷い込んだかのような不思議な景観が広がっている。
バオバブ並木道までは、拠点となるモロンダバの町から車で約2時間。夕陽に染まる並木道は特に美しく、日が沈むにつれ徐々に色を変えていく様には息を呑むだろう。
ここでしか出逢えない動物、植物、風景……
不思議が詰まった神秘の国マダガスカルを巡る旅へ。

いくらかかる？
How much?

23万円〜

＜大人1名分の総予算＞

※現地予算は本書プラン例
※飛行機代、宿泊費、現地送迎（観光時）、現地係員、食事（朝3回）含む、燃油サーチャージ除く

どうやって行く？
How to get there

約17時間

＜片道の合計時間＞

マダガスカルの首都アンタナナリボへは日本からの直行便は運行していない。バンコクまたはシンガポールを乗り継いで行くことが一般的だ。成田〜バンコクは約6時間30分、バンコク〜アンタナナリボは約8時間30分。アンタナナリボからモロンダバまでは国内線で約1時間。モロンダバから並木道までは車で約2時間となる。

いつがオススメ？
Trip Season

4月〜10月

＜ベストシーズン＞

マダガスカル島は大きい島なので島内での場所によって気候が変わる。バオバブ並木のある島の西側モロンダバは、年間を通し熱帯性気候で、夏は猛暑になる。首都のアンタナナリボは年間を通して涼しくて過ごしやすく、朝晩は長袖が必要なほど涼しい。

TRAVEL PLAN:

3泊5日のプラン例

1日目： 成田発〜バンコク乗り継ぎ〜アンタナナリボ着
2、3日目： アンタナナリボ発〜モロンダバ着、バオバブ並木、モロンダバ発〜アンタナナリボ着
4、5日目： アンタナナリボ発〜バンコク乗り継ぎ〜成田着

アンタナナリボ
マダガスカルの首都。いたるところで開かれている露天マーケットは、活気があって地元の人の生活を垣間見ることができる。せっかくなら固有種の動植物を見学できるレミュールパークや、チンバザザ動植物公園、ペリネ自然保護区にも足を運ぼう。

バンコク
マダガスカルへは飛行機の本数が限られているため、旅行日数の調整は乗り継ぎ地であるバンコクで行うのがベター。寝釈迦仏で有名なワットポーなどの寺院観光、マッサージ、ショッピング、タイ料理をはじめとした各国の食事など、様々な楽しみ方がある。

この旅の相談、手配先
ARRANGING THE TRIP

Five Star Club
www.fivestar-club.jp

世界中を手配範囲とする旅行会社。多種多様なテーマでのパッケージツアーに加え、オーダーメイドももちろん手配OK。Five Star Clubがプロデュースするこだわりの旅は、とても魅力的。まずは、気軽に連絡するところから始めてみよう。

スノーモビルで果てしない白の大地を駆け抜けたい！

DREAM TRIP 42

世界一のスノートレイルをスノーモビルで疾走する、興奮と感動の旅

「マスコーカ」
Muskoka

カナダ
Canada

42 「マスコーカ／カナダ」 Muskoka / Canada

純白の大地をスノーモビルで疾走

カナダ東部はオンタリオ州、マスコーカ地方。コテージ・カントリーと呼ばれる、北米を代表する一大別荘エリアだ。森と湖のコントラストが特に美しく、その風光明媚な風景に惹かれ、多くの著名人も世界中から訪れる。色鮮やかな大地が真っ白に染まる冬になると、点在する湖が一斉に凍りつき、樹々には厚い雪化粧が施される。同時にスノーモビルのシーズン到来でもある。
カナダ発祥のこの乗り物は、さながら雪上のバイクとも言えるだろう。凍てつく空気の中でも、暖かい専用ウェアに身を包めば、快適この上ない。走るのは網目状に張り巡らされた世界一のスノートレイル。専用ルートに加え、非公式ルートも含めると7万2000kmもあるという。地球一周が4万kmというのだから、途方もないスケールだ。スノーモビルを始動させ、森に入り、凍った湖の上を駆け、雪景色の中に溶け込むように佇むレストランやカフェで小休憩を繰り返す。どんなに厳しい環境でも、遊ぶことを忘れない人々が生んだ、刺激溢れるアクティビティだ。
その間、拠点となるのは世界を代表するマリオットグループの中でも最高級を追求する、JWマリオット。館内には地元の職人による特注品、アートやランプシェードが飾られ、優雅な雰囲気が漂う。ゲストルームに目を向けると、まずはその広さが嬉しい。そして、細部に施された手彫りの彫刻、趣のある暖炉に灯る炎が心地良く、滞在をより快適にしてくれる。
スノーモビルで心地良い疲労感と爽快感を味わいつつも、暮らしのベースは快適そのもの。アクティブな冒険家を虜にする、新たなるウィンター・エクスペリエンス。

いくらかかる？
How much?

25万円〜

＜大人1名分の総予算＞

※旅の予算は本書プラン例の目安料金です。
※飛行機代、宿泊費、現地送迎、スノーモビルレンタル代、一部食事、燃油サーチャージ含む

どうやって行く？
How to get there

約14.5時間

＜片道の合計時間＞

日本からトロントまで直行便が運行している。成田〜トロントは約11時間50分。トロントの空港からホテルへは、車で2時間半ほど。

いつがオススメ？
Trip Season

2月〜3月

＜ベストシーズン＞

1年を通じて楽しむことができるマスコーカ地方だが、スノーモビルは2月中旬〜3月中旬がベストシーズン。雪や凍結湖の状態を考えると、やはりこの時期に訪れたい。

TRAVEL PLAN:

4泊6日のプラン例

1日目： 成田発〜トロント着
2〜4日目： ウインターアクティビティ（スノーモビルなど）
5、6日目： トロント発〜成田着

トロント

カナダ最大の都市で様々な人種の人が暮らすことから「人種のモザイク」と呼ばれている。美術館や博物館、地上533mもあるCNタワー、20世紀初頭に個人によって築かれた大邸宅など見所が多い。右記で紹介するナイアガラと共に訪れたい。

ナイアガラの滝

世界三大瀑布のひとつナイアガラの滝。轟音と共に水飛沫を上げる大迫力の滝を間近で眺めることができる。ボートに乗って滝壺に迫ることも可能だ。また、近くには滝を見ながら食事できるレストランもあるので、滝尽くしの1日を楽しめる。

この旅の相談、手配先
ARRANGING THE TRIP

マゼランリゾーツアンドトラスト株式会社
www.play-the-earth.com

海外のラグジュアリーリゾートを専門に取り扱う旅行会社。専門に取り扱うからこその豊富な知識と経験は、より旅を有意義なものにしてくれる。高額な旅でもあるので、不安なことは事前に相談しておこう。

謎に包まれる石像・モアイに逢いたい！

DREAM TRIP 43

絶海の孤島に残る1000体以上もの
摩訶不思議な石像・モアイに出逢う旅

「イースター島」
Easter Island

チリ
Chile

43 「イースター島／チリ」 Easter Island / Chile

絶海の孤島

南米はチリ本土から西へ約3,800km、タヒチから東へ約4,000km、最も近い人が住む島でさえ、2,000kmの彼方……。絶海の孤島と呼ばれるイースター島だ。
1722年の復活祭＝イースターの日に『発見』されたことからイースター島と名付けられた。海底火山の噴火によってできた周囲60kmほどの小さな島には、先住民を意味するラパ・ヌイの人々が暮らしている。
この島を世界的に有名にしたのは、かの有名な石像モアイの存在。宗教的な建造物だという説が有力とされているが、その運搬方法など未だに多くの部分が謎のベールに包まれている。世界七不思議のひとつとも言われ、一生に一度は行きたいと願う人が多い憧れの地でもある。
海岸に築かれたアフと呼ばれる祭壇上に並び、島を見守る姿が有名だが、それはほんの一部。島には作りかけのものも合わせ、およそ1,000体のモアイがあちらこちらで佇んでいる。
島にある唯一の村ハンガロアを拠点にして、珍しい正座しているモアイからプカオと呼ばれる帽子を被ったモアイ、海をバックに内陸を向くモアイ、海を眺めているモアイ、製造途中のモアイなどなど、島に点在する神秘のモアイを巡ろう。
群青色の海の美しい海に囲まれた絶海の孤島イースター島。
パワースポットとしても知られているこの島で、摩訶不思議な歴史にふれよう。

いくらかかる？
How much?

27万円〜

＜大人1名分の総予算＞

※旅の予算は本書プラン例の目安料金です。
※飛行機代、宿泊費、現地送迎、食事(朝2回、昼1回)、現地ツアー代含む、燃油サーチャージ除く

どうやって行く？
How to get there

約30時間

＜片道の合計時間＞

成田からイースター島までの直行便はない。そのため、米国1都市又は2都市に加え、チリの首都サンティアゴでの乗り継ぎが必要となる。便によっては往復共にサンティアゴで1泊する必要が生じるので注意が必要だ。成田〜サンティアゴは約24時間、サンティアゴ〜イースター島は約5時間40分。

いつがオススメ？
Trip Season

11月〜4月

＜ベストシーズン＞

イースター島の気候は大きく分けると、晴れ間の多い乾期(11〜4月)と曇りがちな日が多い雨期(5〜10月)となる。南半球にあるため、日本と真逆の気候になる。1年中訪れモアイ観光を楽しむことが可能だが、海水浴することを考えると乾期に訪れたい。

TRAVEL PLAN:

3泊7日のプラン例

1、2日目： 成田発〜米国1都市、サンティアゴ乗り継ぎ〜イースター島着
3、4日目： イースター島滞在、イースター島発〜サンティアゴ着
5〜7日目： サンティアゴ発〜米国1都市乗り継ぎ〜成田着

オロンゴ岬

イースター島においてモアイに次ぐ見所。遥か彼方の地平線と共に、小さな島を一望することができる素晴らしい見晴らしが特徴だ。また、鳥人伝説(その年の支配者を決める祭儀)の舞台となった場所でもあり、かつての石室やロンゴロンゴと呼ばれる絵文字が残されている。

サンティアゴ

チリの首都、サンティアゴ。アンデス山脈の麓にして、チリワインの生産地としても知られている。大統領宮殿『モネダ宮殿』、街の中心地『アルマス広場』、市内を一望できる『サン・クリストバルの丘』などを巡ろう。

この旅の相談、手配先
ARRANGING THE TRIP

Five Star Club
www.fivestar-club.jp

世界中を手配範囲とする旅行会社。多種多様なテーマでのパッケージツアーに加え、オーダーメイドももちろん手配OK。Five Star Clubがプロデュースするこだわりの旅は、とても魅力的。まずは、気軽に連絡するところからはじめてみよう。

アマゾンの巨木に登って、ハンモックで1泊したい！

DREAM TRIP 44

ブラジルの秘境で、
ターザンが見た景色を望む旅

「アマゾン」
Amazon

ブラジル
Brazil

44「アマゾン／ブラジル」 Amazon / Brazil

アマゾンの女王・サマウマの巨木

長さでは世界第二位、流域面積ではナイル川を抑え世界一となるアマゾン川。南米大陸の国々をまたぎ、大西洋に流れる大河だ。マナウス市は、その河口から1,700km遡った所にある。この街を拠点に、アマゾン川流域に広がる広大なジャングルを遊び尽くすことが可能だ。
一番のハイライトとなるのが、密林の女王・サマウマの巨木上での宿泊体験だ。マナウスから約200km離れた熱帯雨林の国立公園『ジャウ国立公園』に立つこの樹までは、片道3日間。定員10名ほどの小さなボートに乗って、アマゾンに流れる入り組んだ川を右へ左へと進んで行く。道中には、先住民族の集落に立ち寄ったり、カヤックや釣りをしたり。そして、アマゾンの大自然を堪能しながら進んだ3日目。樹齢300年、高さ70mという巨大なスケールを誇る密林の女王・サマウマの木に到着する。
ツリークライミング用のロープとサドル（安全帯）を装着し、少しずつ登っていく。遂にたどり着いたその木の頂きからは、地平線まで続く樹の海を眼下に収めることができ、まるで大空を羽ばたく鳥の気分を味わうことができる。ただ登って降りるだけでなく、樹上でハンモックを吊し1泊できるのが最大の魅力。高所という恐怖心に打ち勝ち、1夜を過ごした勇者のみが出逢うことが許される絶景。それが、言葉を失う程の美しさを持つ朝日に照らされ輝くジャングルなのだ。
他にも見所の満載のジャングル。秘境の名に相応しい、奥深き魅力を放つアマゾン川をゆく旅へ。

いくらかかる？ How much?

31万円～

＜大人1名分の総予算＞

※旅の予算は本書プラン例の目安料金です。
※飛行機代、現地ツアー代、食事含む、燃油サーチャージ除く

どうやって行く？ How to get there

約26時間

＜片道の合計時間＞

日本からブラジルまでの直行便は運行していない。マナウスへは米国1都市、ブラジル1都市を乗り継いで行くことが一般的だ。成田～アトランタは約12時間30分、アトランタ～サンパウロは約9時間30分、サンパウロ～マナウスは約4時間。

いつがオススメ？ Trip Season

5月～9月

＜ベストシーズン＞

場所によって雨期と乾期では、アマゾン川の水面が数メートル変わると言われている。雨期が終わり乾期となる5月末～ 9月は天候が安定しているオススメシーズン。中でも5月末～6月頃は水量が多く、ベストシーズンと言える。

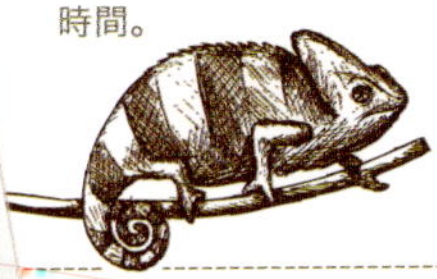

TRAVEL PLAN:

9泊12日のプラン例

1、2日目： 成田発～アトランタ、サンパウロ乗り継ぎ～マナウス着
3～9日目： アマゾン川ツアー
10～12日目： マナウス発～サンパウロ、アトランタ乗り継ぎ～成田着

リオデジャネイロ

ブラジル南東部に位置する同国第2の都市。街名を冠したフェスティバルが有名だが、コパカバーナビーチやイパネマビーチ、巨大なキリスト像が両手を広げてそびえるコルコバードの丘などを見所も多い世界有数の観光地。

ネグロ川、ソリモンエス川

マナウス市から下流に10㎞ほど行った場所に、異なる色のふたつの川が合流する場所がある。コロンビアから流れるネグロ川の黒い水と、ペルーから流れるソリモンエス川の黄土色。この2色が混ざらずに帯状に流れる、世界でも珍しい光景は必見だ。

この旅の相談、手配先
ARRANGING THE TRIP

ウニベルツール
www.univer.net

長年に渡って日本人をブラジルで受け入れている旅行会社。サンパウロとリオデジャネイロに支店を持つ。本書で紹介した木登りツアー（現地旅行会社 AMAZON TREE CLIMBING が主催）も手配可能なので、ブラジルの手配は一手に任せた方が安心して遊ぶことができる。

氷河に囲まれた海をシーカヤックで旅したい！

DREAM TRIP 45

美しい氷河に囲まれたアラスカの神秘の海を、
シーカヤックで自由に放浪する旅

「アラスカ」
Alaska

アメリカ
USA

45 「アラスカ／アメリカ」 Alaska / USA

氷河に包まれたアラスカの秘境

アラスカ最大の都市アンカレッジから車で約4時間の距離に位置する町、スワード。フィヨルド観光の拠点として知られ、大型客船も多く寄港する港町だ。
舞台となるのは、キーナイ・フィヨルド国立公園の奥地にある、ノースウェスタンフィヨルド。スワードからボートでアクセスする秘境だ。人は住んでおらず、住人は野生動物のみ。人の気配が微塵もない河岸に到着したら、ボートからカヤックを降ろし、ベースキャンプを設営する。周囲から聞こえてくるのは、大きな氷河が海に落ちる轟音に動物たちの鳴き声のみ。まさに大自然の中に身を委ねる旅だ。そしてシーカヤックで海へと漕ぎ出せば、海面に浮かぶいくつもの氷、海面から顔を覗かせる小氷河、周囲の山肌を覆う太古の氷河、氷河の後退によって削られた険しい崖、まっすぐに伸びる針葉樹、とまさに別世界が広がっている。海の潮の香り、氷河に削り取られてできた切り立った崖のフィヨルド、そこに棲息する野生動物たち、そして突然聞こえる氷河が崩れ落ちる雷のような轟音や、ザトウクジラが潮を噴き上げる息吹……。カヤックだからこそ感じられる自然との一体感は本当に素晴らしい。
また、夏のアラスカの夜が格別だ。夜中になっても日が落ちず、ずっと薄暗い『トワイライト』状態が続く。北の空は夕焼けが続き、そのまま朝焼けになり、夜が明けていくのだ。
キャンプ、シーカヤックと共に体験する白夜体験。圧倒的な存在館を放つ大自然に包まれながら、アラスカの秘境を旅しよう。

「アラスカ/アメリカ」

いくらかかる？ How much?

29万円〜

<大人1名分の総予算>

※旅の予算は本書プラン例の目安料金です。
※飛行機代、宿泊費、現地ツアー代含む、現地交通費、一部食事、燃油サーチャージ除く

どうやって行く？ How to get there

約15時間

<片道の合計時間>

日本からアンカレッジへの直行便はない。シアトルやカナダのバンクーバーなどで乗り継いで行くのが一般的だ。成田〜シアトルは約9時間、シアトル〜アンカレッジは約3 時間30分。アンカレッジ〜スワードは車で約2時間30分。

いつがオススメ？ Trip Season

5月〜9月

<ベストシーズン>

シーカヤックのツアーは5月下旬〜 9月初旬まで催行されるため、他の時期には体験することができない。他のアラスカのツアーも同様で夏のこの時期に集中して催行されている。また、この時期は夜中になっても少し薄暗い『トワイライト』状態が続く、白夜となる。

TRAVEL PLAN:

5泊7日のプラン例

1、2日目：成田発〜シアトル乗り継ぎ〜アンカレッジ着、スワードに移動
3〜5日目：キャンプ、シーカヤック、アンカレッジに移動
6、7日目：アンカレッジ発〜シアトル乗り継ぎ〜成田着

アンカレッジ

小型飛行機で北米最高峰マッキンリー山を見に行くツアーや、カトマイ国立公園やリダウトベイなどに行くブラウンベアーウォッチングツアー、北極圏の村を訪れるツアーなど、様々なツアーが催行されている。滞在を延ばし追加するのもオススメだ。

バンクーバー

乗り継ぎ地をバンクーバーにするのもオススメ。カナダ西部の大都市で、世界各国の料理や街の近郊に溢れる自然などを楽しむことができる。キャピラノ渓谷にかかる吊り橋は、世界一長い歩行者用の橋で、全長は137m、高さは70mもあることで知られている。

この旅の相談、手配先 ARRANGING THE TRIP

HAIしろくまツアーズ
www.haishirokuma.com

アンカレッジを本拠地にアラスカ旅行のスペシャリストとして活躍してきた旅行会社。日本語対応も可能なので、アラスカを熟知した専門スタッフと相談しながら、自分にとってベストなアラスカ旅行を作り上げよう。アラスカとは時差が大きいので、問い合わせはメールで行うのがベターだ。

地球上で最も地球とは思えない島に行きたい！

DREAM TRIP 46

インド洋に浮かぶ、
地球とは思えない摩訶不思議な空間を歩く旅

「ソコトラ島」

Socotra island

イエメン
Yemen

46 「ソコトラ島／イエメン」 Socotra island / Yemen

地球上で最も地球とは思えない島

中東はアラビア半島の南端に位置する国、イエメン。その東南の沖合約300kmに、ソコトラ島は浮かんでいる。そこはインド洋に浮かぶ驚異の空間。およそ2000万年前、かつて存在した超大陸、ゴンドワナ大陸が分裂した際に現在のアフリカ大陸から分離し、その過酷な気象条件と外界との関係を遮断されたことにより、動植物が独自の進化を遂げている摩訶不思議な島だ。
島には異彩を放つ不思議な植物が立ち並ぶ。中でも有名なのが、傷付くと幹から赤い血のような樹液を出す『竜血樹』。まるで大きなキノコのような奇妙な樹は、この島のシンボルのような存在になっている。その他にも、瓶のような形をした『ボトルツリー』など約300種類の植物や、爬虫類、鳥類、昆虫など数多くの固有種が存在しており、他では決して見られない異彩を放つ奇観が広がっている。このソコトラだけの摩訶不思議な景観が認められ、2008年には世界自然遺産として登録されているのだ。
そんな奇観が広がる島内とは対照的に、島を囲むインド洋は、コバルトブルーに輝き、白い砂浜のコントラストが実に美しく、まさに楽園。海岸からすぐのところに珊瑚礁が広がるエリアもあり、シュノーケリングも楽しめる。
「秘境」、「楽園」、「異世界」、さらには「魔境」とまで言われる唯一無二の世界、ソコトラ。
独特の進化を遂げた現代の秘境。この地球上で最も地球とは思えない空間が、そこには広がっている。

いくらかかる？ How much?

25万円～

＜大人1名分の総予算＞

※旅の予算は本書プラン例の目安料金です。
※飛行機代、宿泊費、現地送迎、食事（朝5回、昼3回、夕3回）含む、燃油サーチャージ除く

どうやって行く？ How to get there

約17時間

＜片道の合計時間＞

最初に目指すのは、イエメンの首都サナア。日本からの直行便はなく、カタールの首都ドーハでの乗り継ぎが一般的だ。サナアからソコトラ島の玄関口ハディボへは、国内線でムカッラという町を経由して行く。片道の合計飛行時間は約17時間となる。

いつがオススメ？ Trip Season

10月～3月

＜ベストシーズン＞

ソコトラ島のベストシーズンは10～3月下旬。この間が比較的温度が低く、また気候が安定している。逆に他の時期は、「雨のない台風」と呼ばれるぐらいの天気になることも珍しくない。現地ではツアーもほとんど催行されなくなるので、避けた方が無難だ。

TRAVEL PLAN:

5泊8日のプラン例

1～3日目： 成田発～カタール乗り継ぎ～サナア着、サナア発国内1都市乗り継ぎ～ハディボ着
4、5日目： ソコトラ島観光
6～8日目： ハディボ発～国内1都市、サナア、ドーハ乗り継ぎ成田着

サナア

標高約2,300mにあるイエメンの首都で、「世界最古の摩天楼都市」ともいわれている。町中の14,000以上もの建物のほとんどは、紀元前1,000年頃に建てられたもの。日干しレンガでできた趣のある建物が創る世界を歩こう。

ハディボ

ソコトラ島内にはいくつかの村や集落があるが、いわゆる町と呼べるのはここだけ。ホテルやレストラン、現地旅行会社も少数だが軒を連ねている。またソコトラ島名産のハチミツもこの町で購入できる。ここを拠点として、ソコトラ島を楽しもう。

この旅の相談、手配先 ARRANGING THE TRIP

西遊旅行
www.saiyu.co.jp

シルクロード、ブータン、アフリカ、海外登山…と、いくつもの魅力的なツアーを扱う、秘境ツアーのパイオニア。パッケージ旅行も魅力だが、オーダーメイドも手配OK。イエメンはお国柄、渡航を延期した方がいい場合もあるので、旅行を決める前には必ず治安やツアー催行状況等を確認しよう。

南極でキャンプ したい！

DREAM TRIP 47

世界一の秘境に上陸して、美しい氷河の上でキャンプする旅

「南極」
Antarctica

47 「南極」 Antarctica

世界一の秘境、南極大陸

地球の最果てに位置する南極大陸への旅は、南米最南端の街、ウシュアイアが拠点となる。そこからクルーズ船に乗り込み、さらに南へと漕ぎ出し、魔の海峡といわれるほどに荒々しい白波が立つ、ドレーク海峡を越えてゆく。そしてウシュアイアを出発してから3日目の朝、遂に空と海以外はすべて氷で埋め尽くされた南極大陸沖に到着する。南極大陸への上陸は、朝夕の1日2回。ゾディアックと呼ばれる小型のゴムボートに乗って行われる。基本的に毎回異なる地点への上陸となるため、様々な南極の顔を見ることができるだろう。
上陸すれば、南極の代名詞にもなっているペンギンや、アザラシ、オットセイ、船上からは、シャチやクジラなど、過酷な環境下に生息する動物たちと出逢うことができる。その他にも、世界で最も南の地から手紙を出すことができるイギリスの南極観測基地『ポートロックロイ』、何万年も前の空気が閉じ込められた氷河の氷を砕いて飲むオンザロック、凍てつく海の上を漕ぎ進むカヤック、大雪原でのクロスカントリースキーなど、楽しみは満載。
極めつきは、南極大陸に自らテントを張って1泊するキャンプ体験。周囲には明かりが一切ないので、夜空を見上げれば、これまで見たこともないような満天の星が輝いていて、まるで宇宙にいるかのよう。そして世が明ける頃、世界の果てを照らす朝日は、実に神々しく、感動的な一時を提供してくれるだろう。
世界一の秘境で体験する究極のアウトドアトリップへ。

いくらかかる？ How much?

61万円～

＜大人1名分の総予算＞

※現地予算は本書プラン例、個人手配時の目安料金
※飛行機代、宿泊費、南極クルーズ代、食事含む、燃油サーチャージ除く

どうやって行く？ How to get there

約26時間

＜片道の合計時間＞

成田からアルゼンチンのウシュアイアまでの直行便はないため、米国1都市(ヒューストンなど)に加え、アルゼンチンのブエノスアイレスでの乗り継ぎが必要になる。成田～ヒューストンは約12時間10分、ヒューストン～ブエノスアイレスは約10時間20分、ブエノスアイレス～ウシュアイアは約3時間30分。

いつがオススメ？ Trip Season

11月～3月

＜ベストシーズン＞

南極へのクルーズ船は毎年11～3月頃まで運行している。シーズンはじめは白夜となり一日中景色を楽しむことができ、ペンギンのヒナが見られることも。シーズン後半は氷が減り、クジラを見るチャンスが増える。クルーズ船のスケジュールはあらかじめ決まっているため、好きな日に出発できる訳ではないので注意しよう。

TRAVEL PLAN:

10泊15日のプラン例

1、2日目： 成田発～米国1都市、ブエノスアイレス乗り継ぎ～ウシュアイア着
3～11日目： 南極クルーズ
12～14日目： ウシュアイア発～ブエノスアイレス、米国1都市乗り継ぎ～成田着

ウシュアイア

とても可愛い小さな街。クルーズの前後に滞在できるなら街中散策だけでなく、パタゴニアの国立公園『ティエラ・デル・フエゴ公園』を訪れたり、世界最南端を走る列車『世界の最果て号』に乗車したりして楽しもう。

ブエノスアイレス

南米のパリとも言われ、ヨーロッパにいる様な気分になる素敵な街。タンゴ発祥の街でもあり、夜には市内各所のバーやレストランで魅惑的なタンゴショーが繰り広げられる。芸術家が集う『ボカ地区』や一番の繁華街である『フロリダ通り』なども歩きたい。

この旅の相談、手配先 ARRANGING THE TRIP

株式会社クルーズライフ
www.cruiselife.co.jp

株式会社クルーズライフは、極地旅行(南極&北極クルーズ)の世界的リーダー、クォークエクスペディションズ社の日本における正規代理店です。二十数年の豊かな経験を持つスタッフが、丁寧な対応で、未だ見ぬ究極の世界へ皆様方を誘います。

プライベートアイランドを貸し切って大富豪体験したい！

DREAM TRIP
48

一生に一度はやってみたい！
夢のプライベートアイランドを貸し切る究極の贅沢旅

「ネッカーアイランド」
Necker island

イギリス領ヴァージン諸島
British virgin island

48 「ネッカーアイランド／イギリス領ヴァージン諸島」 Necker island / British virgin island

究極のプライベートアイランド

カリブ海に位置するイギリス領ヴァージン諸島は約50の島で構成されている。そのひとつが、究極とも言うべきプライベートアイランド、ネッカーアイランドだ。珊瑚礁、輝く白い砂浜、ターコイズブルーの海に囲まれたその島は、数々の事業を手がける、ヴァージングループ創業者リチャード・ブランソンが創り上げたもの。その島を丸ごと貸し切ることができるのだ。お値段は、5泊で2,200万円！ もちろん地位や肩書きがなくても先立つものさえあれば、誰だって貸し切り可能だが、家が買えてしまうほどの金額。正直、宝くじでも当たらないと難しい。しかし、ある定められた週だけは、7泊で250万円というプランもあるのだ。ただし、このプランでは島を丸ごと貸し切れるのではなく、島にある部屋の1室に宿泊するというものになる。
この島にあるのは、8部屋もあるグレートハウスと6つのバリ風コテージという計14の部屋。食事は食べ放題で、ドリンク飲み放題、メニューも専属のシェフに依頼すれば何でも作ってくれる。この島には、数百羽ものピンクフラミンゴに出逢える湖をはじめ、椰子の木に囲まれたビーチ、テニスコートやスパ、ジムなどがあり、海ではカイトサーフィンや、セイリング、ウインドサーフィン、パワーボート、シュノーケリング、ウォータースキー、カヤック、フィッシングなど盛りだくさんのマリンアクティビティが用意されている。
世界でも類を見ない程スケールのでかい冒険家リチャード・ブランソン。彼の夢がいっぱいつまったこの島で過ごす日々は、一生忘れることのできない思い出となること間違いないだろう。

いくらかかる？ How much?

1,122万円～

<大人1名分の総予算>

<貸し切りプラン>

旅の予算は本書プラン例の目安料金、2名で貸し切り時の1名分料金です。

147万円～

<大人1名分の総予算>

<セレブレーションウィークプラン>

※飛行機代、宿泊費、現地送迎、食事、燃油サーチャージ含む

どうやって行く？ How to get there

約18時間

<片道の合計時間>

まずはプエルトリコのサン・フアンへ。日本からの直行便はないため、途中必ず米国1都市で乗り継ぎが必要となる。主にはニューヨークなどでの乗り継ぎが一般的だ。サン・フアンからはアメリカン航空やケープ航空などで、イギリス領ヴァージン諸島のビーフ島へ。その島と橋で繋がっているトルトラ島まで陸路で移動し、その島から船に乗ればネッカーアイランドに到着。

いつがオススメ？ Trip Season

8月～10月

<ベストシーズン>

島は常夏の楽園のため、気温的には一年中訪問が可能。しかし、8～10月頃はハリケーンが発生しやすいシーズンとなるため、避けた方が無難。

TRAVEL PLAN:

7泊9日のプラン例

1、2日目： 成田発～米国1都市、サン・フアン乗り継ぎ～ビーフ島着、ネッカーアイランドに移動
3～6日目： ネッカーアイランド
7～9日目： ビーフ島に移動、ビーフ島発～サン・フアン、米国1都市乗り継ぎ～成田着

カリブの島々

イギリス領ヴァージン諸島が位置するカリブ海には、魅力的な島が多く浮かんでいる。サルサが流れるキューバや、レゲエ発祥の地ジャマイカ、イルカと泳げるバハマ、近年注目を集めるタークス・カイコス諸島など、どれも美しいカリブの楽園。復路で立ち寄ってみるのもオススメだ。

宇宙

ヴァージングループが手がけている事業のひとつで、宇宙への旅の準備が着々と進んでいる。気になるお値段はおひとり25万USドル（3日間の訓練プログラム参加費用と、宇宙旅行フライトの費用を含む）。地球を飛び出し夢の無重力空間を旅してみよう。

www.club-t.com/space/

この旅の相談、手配先 ARRANGING THE TRIP

マゼランリゾーツアンドトラスト株式会社
www.magellanresorts.co.jp

海外のラグジュアリーリゾートを専門に取り扱う旅行会社。専門に取り扱うからこその豊富な知識と経験は、より旅を有意義なものにしてくれる。高額な旅でもあるので、不安なことは事前に相談しておこう。

無人島を買って自分の楽園を作りたい！

DREAM TRIP
49

プライベートアイランドをゲットして、
一生に一度の夢を叶える人生の旅

「無人島」
Uninhabited Island

49「無人島」Uninhabited Island

自分だけの最高の楽園

地球上に星の数ほど存在する無人島。そのひとつを我が物とし、自分色の島を自由に築けるとしたら、あなたはどんなイメージを描くだろうか？
みんなが楽しめるリゾートを創ってみるのも楽しそうだし、完全に俗世と離れる隠れ家にするのも面白いかも……なんて、妄想が加速し、きっとワクワクが止まらなくなるだろう。
島を手に入れるということ。それは絶対不可能な夢物語ではない。国内でも海外でも、島によっては『物件』として扱われており、購入することができるのだ。気になる値段だが、アクセス方法や景観、建築規制の有無など様々な要素によって大きく変わるので、目安というものは存在しない。しかし、高級外車やマンション1室ぐらいの金額で購入できるものもあるので、一生に一度の買い物として選択肢に入れるのもアリだ。次のページに購入できる無人島を紹介しているので、ちょっと見てみて欲しい。意外とリアルになってくるはずだ。
素敵な島を購入して、一生をかけて理想の島を築くこと。それは、自分だけの最高の楽園を創るということ。実現すれば一生、楽園の中に住み続けることができる!?
夢の究極プライベートアイランド生活。さぁ、コツコツ貯金でもはじめますか!?

NOW ON SALE! 販売中の無人島チェック!

国内で唯一、無人島を販売している会社『アクアスタイルズ』。発売中の島々の一部が、国内、国外に分けて紹介されている。2千万円の島から数億円の島まで揃っているので、まずは参考にしてみよう。

日本／丸島

2千2百万円

三重県南部の真珠や海苔の養殖のためのイカダが多く浮かぶ湾内に位置する。陸地から30mほどの距離ということから、インフラ整備がしやすいのが特徴だ。建築が可能なため、窓から釣りをするという夢の家を建てることも!?

日本／ウルメ島

3千5百万円

四国は徳島県東部に位置する。金額には、ほぼ陸続きの小島、姥島《うばじま》と、本島の岬部分が含まれている。室戸阿南海岸国定公園第2種にかかるため多少規制は生じるが、建築が可能となっている物件。

日本／小鞠山島《こまりやまじま》

1億5千万円

和歌山県西部に位置する、透明度の高い海に囲まれた白砂のビーチが広がる島。バスケットコート2面分の平坦地があり、住居等の建築が可能。本島から船で5分という好立地。

日本／藍之島

4億円

広島県南部に位置する。広島空港から車で約1時間の距離にあり、他県からでもアクセスが容易。島内には井戸水があるので、飲用水を確保できるのも利点のひとつ。約8万㎡という大きさなので、色々選択肢は広がるだろう。仲間を募って購入するのもアリ!?

アメリカ／ミドルハードウッド島

145万ドル

アメリカ北東部のメーン州に位置する。大西洋に面しながらも湾内にあるため、波が穏やかな島。島には母屋に加えベッドやキッチン、浴室も備わったゲスト用コテージが2棟付いてくる。本土からのアクセスが良好なのに加え、船着き場が整備されているのも嬉しい。

タヒチ／モート島

33万ユーロ

タヒチの中心地パペーテの北西部、ボラボラ島のすぐ隣。誰もが憧れるタヒチの島のひとつを手に入れるという最高の贅沢が叶う。透き通る海に白砂のビーチ、さらにキッチンが付いたバンガローも付属する。

モルディブ／クダフ島

300万ポンド(25年リース)

モルディブの玄関口マーレから北へ水上飛行機で約40分。コバルトブルーに輝く遠浅の海が魅力的だ。島の約1/4を開発できる。しかしこの物件は25年のリース契約のみ。モルディブでは土地の所有ができないので、この形が一般的となる。

トンガ／パーム島

490万ドル(80年リース)

ニュージーランドから飛行機で約2時間。白砂のビーチと、コバルトブルーの海に囲まれた宝石のような島。この島の最大の特徴は、手に入れたその日からリゾートのオーナーになれるということ。以前に開発された13のビラをはじめとした素敵な施設が残っているのだ。

相談は…
ARRANGING THE TRIP

アクアスタイルズ
www.aqua-styles.com

国内唯一の無人島販売会社『アクアスタイルズ』。国内外を問わず無人島購入を検討する際にはぜひとも相談したい。無人島以外にもハワイやタイ、ニュージーランド、オーストラリアなどの海外不動産も紹介している。きっと夢が広がるので、一度はサイトを覗いてみよう。

世界一周
したい!

DREAM
TRIP
50

飛行機で、船で……
地球をぐるりと一周する夢の旅

「世界一周」
World Journey

50 「世界一周」 World Journey

世界一周の旅

魅力的な旅先は星の数ほどあるが、世界一周ほど心躍る『旅先』はないのではないだろうか。
徒歩や自転車、バイクなどで世界一周するといった強者も珍しくないが、やはり飛行機か船がメジャーな手段。どちらも一長一短があるので、自分のスタイルに合わせて決めよう。
飛行機での世界一周には『世界一周航空券』という夢のような航空券が存在する。自分の行きたい都市を繋いで、自由に旅を組み立てられるものだ。ルートを確定するにあたっては細かなルールがあるが、世界一周航空券を取り扱っている旅行会社に相談すれば簡単に解決できるし、30万円台からという比較的手が届きやすい価格も魅力のひとつ。
船旅での世界一周はおよそ3ヶ月の時間を要する。一例としてNGOピースボートがコーディネートするものであれば金額は100万円前後からとなるが、旅の期間を考えればリーズナブルと言えるだろう。20カ国前後を一度に巡る旅だけに、どこに行くのか？　という点が注目されがちだが、実は移動時間自体が大きな魅力でもある。約1,000人もの老若男女が共に暮らす船上は退屈知らずで、訪れる場所『寄港地』の紹介企画や、様々な分野の専門家が開催する講座に音楽フェスティバルなど、実に多種多様な催しがあるのだ。
飛行機でも、客船でも。旅人を待ち受けるのは、奇跡の絶景や、解放感溢れる南の島、絵本のような世界が広がる街、悠久の歴史を伝える世界遺産に現地に暮らす人々。
少なからず時間と費用が必要な世界一周だが、「一生に一度の夢！」という時代は終わった。ちょっと頑張れば叶えられる今。まだ見ぬ世界へ、そしてまだ見ぬ自分に出逢う旅へ、さぁ、旅に出よう。

■飛行機で行く世界一周

世界一周航空券！　値段は30万円台から。

世界一周航空券。それは夢のような航空券だ。「無制限、無期限に世界中どこにでも行ける魔法のようなチケット」というわけではないが、同じグループの航空会社であれば、最大16回飛行機に乗れて、有効期限も最長1年、さらにマイルもたくさん貯まる！　と、自由旅行者には特にオススメのチケットだ。現在、主な航空券は、Eチケットという電子チケットになっているので、昔のようにずっしり重い航空券の束を持ち運ぶ必要がなく、A4プリント用紙1枚でスマートに世界一周ができるようになっている。

現在、日本で発売されている世界一周航空券の代表的なものに、全日空、ユナイテッド航空がメインの「スターアライアンス世界一周航空券(スターアライアンス)」、日本航空、アメリカン航空がメインの「ワンワールドエクスプローラー（ワンワールド）」、デルタ航空、エールフランスがメインの「スカイチーム世界一周航空券（スカイチーム）」などがある。それぞれ料金やルールは異なるが、「同一方向に大西洋と太平洋を必ず1回横断すること」「有効期限が1年以内」「全旅程のルート、フライトを出発前に決める必要がある」ということは共通している（2014年現在）。

「全旅程のルート、フライトを出発前に決める」と聞くと、自由に旅ができない……といったイメージを持つかもしれないが、そんなことはない。決める必要があるのは、あくまでもベースとなる航空券の部分だけ。長距離の移動や主要ルートを「世界一周航空券」で組んで、それに各自で様々な移動手段を加えていけば、オリジナルの自由な旅が組み立てられる。さらに出発後に「やっぱりあの国にも行きたいな」とか「やっぱり自分で電車やバスを使って移動したいな」といった航空券のルートや滞在都市の変更も、わずかな手数料でできてしまう。

さらにルートを決めてあれば、有効期限内は旅先での気分次第で搭乗日を自由に変更ができるので、どの国にどのくらい滞在するかは、自分次第。自由気ままな旅ができる。日付変更やルート変更も一切不可といった格安航空券が主流の中、臨機応変にフレキシブルな旅ができるこの世界一周航空券は魅力たっぷりだ。

世界一周航空券の価格面での特徴としては、「季節による料金変動がなく、1年中同料金」ということがある。特にオンシーズン（ゴールデンウィーク、夏休み、正月）で格安航空券の料金が跳ね上がっている時期でも、世界一周航空券の料金は変わらないので、逆にこの時期にしか旅ができない人には大きなメリットがある。

また、現地で格安航空券を買い足しながら世界一周する方が安いのでは？ と思う人も多いかもしれないが、南米やアフリカなど航空券が高い地域を旅行するのであれば、世界一周航空券でまとめて世界一周した方がほとんどの場合、割安になる。さらに往復航空券が高い地域を旅行する場合など、例えば「イースター島のモアイが見たい！」といったケースだと、通常往復チケットだけでも20 万円後半はするので、だったら、世界一周航空券の中にイースター島をうまく組み込めば、イースター島往復の料金とほとんど同じ金額で、世界一周ができてしまうのだ。

次に、海外発券について。世界一周航空券は日本だけの販売・商品ではない。基本的に世界中どこでも買うことができる。ただし購入する国によって、料金、ルール、種類が大きく違っているので注意が必要だ。なお海外発券のメリットとして、円高の今（2014 年現在）は日本で買うより料金が安い国もちらほらあるが、ルールや料金改定で大幅に値上げされてしまうことも多く、情報の鮮度が大切。日本発もだいぶ安くなっているのでエコノミークラスの世界一周航空券では、海外発券のメリットは薄れているが、ビジネスクラス、ファーストクラスの利用であれば、イギリスやオーストラリアなどでの発券がやや安いことも。ただしその国から世界一周航空券を使い始める必要があるため、一度、その国に行くためのコストと時間が別途かかるということをお忘れなく。

以上のように、細かいルールや、多少の制限はあるが、基本的には自由にルートが組めて、出発後の変更も自由にできるということで、主に飛行機を使った世界一周を考えている人には非常に便利な航空券だ。

世界一周航空券を使う旅　4 SAMPLES

世界一周航空券を使った旅をリアルにイメージしてみよう、ということで、4 パターンのルート例を組んでみた。次のページにある例を参考にしながら、自分の欲求にあわせて、オリジナルのプランを組んでみては？

この旅の相談、手配先　ARRANGING THE TRIP
世界一周堂　www.sekai1.co.jp

世界一周航空券の専門の旅行会社。10,000以上にも及ぶ世界一周のルートの提案に加え、数千人の世界一周旅行者をサポートしてきた実績を持つ。プランの立て方から購入手続きまで、丁寧に相談に乗ってくれる心強い存在だ。

「世界一周堂」 Presents

世界一周航空券を使う旅 4 SAMPLES

※サンプルはエコノミークラスご利用の値段です。
※TAX 等の諸費用(各国出国税・空港施設利用料・航空保険料・燃油サーチャージ等)が別途かかります。
※サンプルは日本発の世界一周航空券の値段。各自移動費用・ホテル代・現地費用等は含まれておりません。
※世界一周航空券のルール、価格改訂が実施された際は、上記内容・値段で適用できない場合があります。

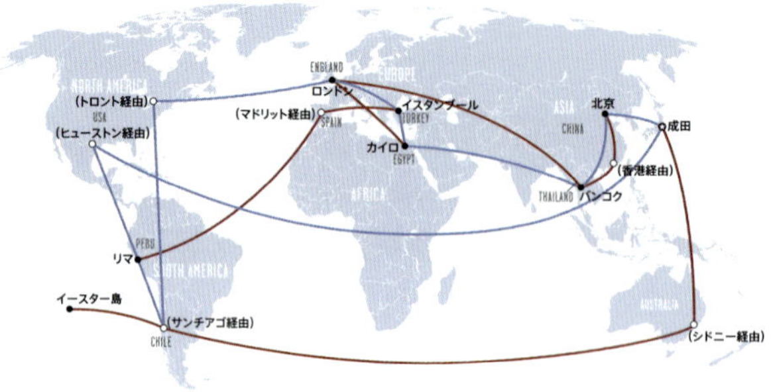

SAMPLE 01

世界の七不思議に触れたい!

ナスカの地上絵、万里の長城、ピラミッド、モアイ像、アンコールワット、ストーンヘンジ、聖ソフィア大寺院…など、世界の7不思議と呼ばれるスポットを制覇するミステリールート。

■Sample:1-1　ワンワールド利用:4 大陸　36万円

成田→北京→(香港乗り継ぎ)→バンコク→ロンドン→カイロ/ 各自移動/イスタンブール→(マドリット)→リマ→(サンチアゴ乗り継ぎ)→イースター島→(サンチアゴ・シドニー乗り継ぎ)→成田

※バンコクからアンコールワットへは各自移動
※カイロからイスタンブールへは各自移動

■Sample:1-2　スターアライアンス利用:34000 マイル内　40万円

成田→北京→バンコク→カイロ→イスタンブール→ロンドン→(トロント乗り継ぎ)→サンチアゴ/ 各自移動/リマ→(ヒューストン乗り継ぎ)→成田

※バンコクからアンコールワットへは各自移動
※サンチアゴからイースター島は各自移動
※サンチアゴからリマは各自移動

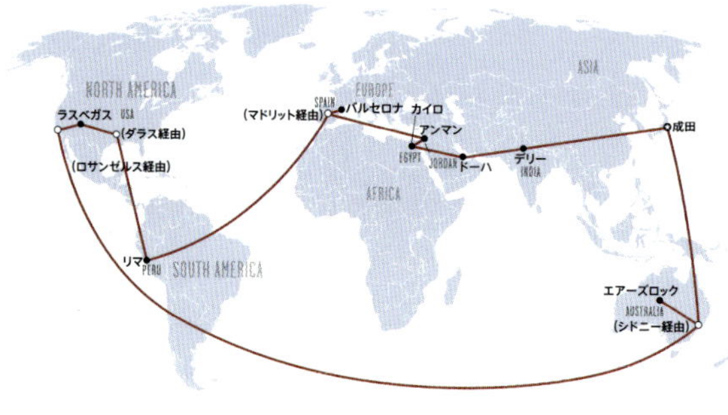

SAMPLE 02

世界遺産を巡りたい!

エアーズロック、グランドキャニオンにはじまり、マチュピチュ、ピラミッド、タージマハルから、ガウディー建築まで、世界遺産をじっくりと堪能できる世界一周ルート。

sample:2-1　ワンワールド利用:5 大陸　43万円

成田→(シドニー乗り継ぎ)→エアーズロック→(シドニー・ロス乗り継ぎ)→ラスベガス→(ダラス乗り継ぎ)→リマ→(マドリット乗り継ぎ)→バルセロナ→(アンマン乗り継ぎ)→カイロ→(ドーハ乗り継ぎ)→デリー→成田

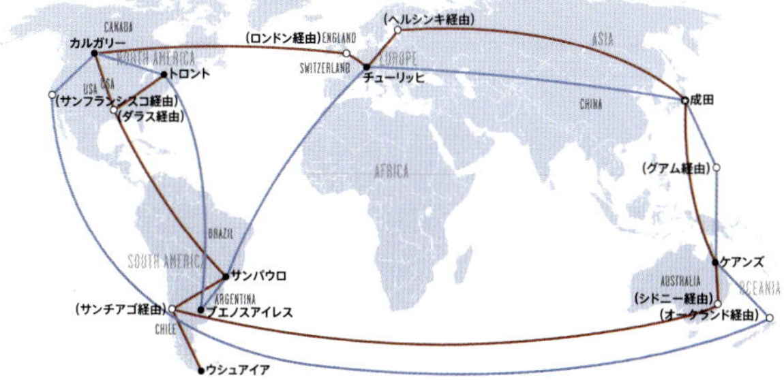

SAMPLE **03**

世界の大自然を身体で感じたい!

スイスアルプス、カナディアンロッキーなどの山々に始まり、アマゾン川、ナイアガラといった川や滝、そして、グレードバリアリーフの珊瑚礁なども楽しめて、果てはアルゼンチンから出掛ける南極探検まで…。世界中の大自然を満喫できる世界一周ルート。

sample:3-1　ワンワールド利用:5 大陸　43万円

成田→(ヘルシンキ乗り継ぎ)→チューリッヒ→(ロンドン乗り継ぎ)→カルガリー→(ダラス乗り継ぎ)→トロント→(ダラス乗り継ぎ)→サンパウロ→(サンチアゴ乗り継ぎ)→ウシュアイア(南極観光の拠点)→(サンチアゴ・シドニー乗り継ぎ)→ケアンズ→成田

sample:3-2　スターアライアンス利用:39000 マイル内　47万円

成田→チューリッヒ→サンパウロ/ 各自移動/ブエノスアイレス→トロント→カルガリー→(サンフランシスコ・オークランド乗り継ぎ)→ケアンズ→(グアム乗り継ぎ)→成田

※サンパウロからブエノスアイレスへは各自移動
※ブエノスアイレスからウシュアイアへは各自移動

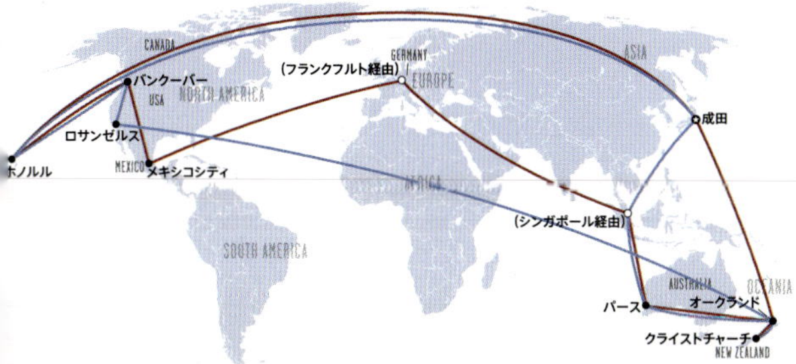

SAMPLE **04**

世界中のイルカ・クジラと泳ぎたい!

ハワイ、カナダのヴィクトリア、メキシコのラパス、ニュージーランドのカイコウラ、オーストラリアの西海岸から、小笠原諸島まで…。世界中のイルカ&クジラの集まる海をめぐる世界一周ルート。

sample:4-1　スターアライアンス利用:34000 マイル内　40万円

成田→ホノルル→バンクーバー→メキシコシティ→(フランクフルト・シンガポール乗り継ぎ)→パース→オークランド→クライストチャーチ→(オークランド乗り継ぎ)→成田

※メキシコシティからラパスまでは各自移動

sample:4-2　スターアライアンス サークルパシフィック利用:26000 マイル内　43万円

成田→ホノルル→バンクーバー→ロス→(オークランド乗り継ぎ)→クライストチャーチ→オークランド→パース→(シンガポール乗り継ぎ)→成田

※ロスからラパスまでは各自移動
※「サークルパシフィック」を利用した太平洋周遊コース

■船で行く世界一周

ピースボートの“世界一周の船旅”

船で過ごしているだけで次々と新たな場所に行ける。大きな荷物を日本で積んでしまえば後は軽いリュックひとつで旅先を巡れる。一度に大きな時差がなく体内時計を調整する必要がない。準備も後片付けも不要で、3食美味しい食事を堪能できる。退屈とは無縁の様々なエンターテイメント……と、快適な旅に欠かせない要素がいくつも揃う船の旅。その分高額になり、一部の人々にしか縁がないと思われがちだが、それはまったくの誤解。リーズナブルなものも世の中にはたくさんある。中でも、毎年3,000人以上もの人々が世界一周へと旅立っているピースボートの“世界一周の船旅”はオススメだ。料金やオリジナリティ溢れる船内イベントに加え、10〜20代が全体の4割、50〜60代以上も4割を占めるという幅広い年齢層が乗船するのも大きな特徴で、世代を問わず交流できる場にもなっている世界一周の船旅なのだ。

そもそもピースボートとは、1983年に設立されたNGOだ。世界一周の船旅をコーディネートし続けて29年になり、2014年には86回目となるクルーズが出航する。船旅の企画・実施は、旅行会社（株）ジャパングレイスが行っており、問い合わせから相談、申込み、船上生活、寄港地でのツアーなど、基本すべて日本語となるので、言語の心配はまったくする必要がない。アジアの喧噪も、中東の歴史も、アフリカの自然も、ヨーロッパの文化も、中南米の活気も……。自転車を漕ぐようなゆっくりとしたスピードで海を進み、巡る20もの国と地域。地球の色模様に触れる3ヶ月は、どんな大海よりも深く大きな感動となるだろう。

寛ぎも刺激も。誰もが楽しめる洋上生活。

ゆっくりとしたスピードで進む船旅。それだけに船内ものんびりムード？　と連想するが、答えはない。遮る物が何もない青空の下、デッキチェアに寝転がりながら読書をしたり、遥か彼方へと続く水平線を眺めたり……という寛ぎの時間も、もちろん楽しめる。一方で、船内のラウンジなどでは様々な企画・イベントが催されるので退屈という言葉とも無縁で、むしろ多くに参加しようとすると多忙になってしまうほど。参加する人によって、忙しくとものんびりとも。どっちも楽しめる船旅なのだ。

PEACE BOAT INFORMATION

船上プログラム

船上プログラムは基本無料だ。語学教室、専門家による講演、音楽演奏や鑑賞会、サッカーやバスケットなどのスポーツ大会、お祭りにダンスパーティーまで。ありとあらゆるものが、催される。3ヶ月、まず退屈することはない。

PEACE BOAT INFORMATION

水先案内人

"水先案内人"と呼ばれる各分野におけるスペシャルゲスト。訪れる寄港地の魅力や、環境、平和、ライフスタイルなど、様々なテーマの講演等で、乗客の知的好奇心を満たしてくれる。他にも音楽やパフォーマンスなどが行われることも。

PEACE BOAT INFORMATION

船上の食事

通常日はモーニングコーヒーに始まり、朝食、昼食、そしてアフタヌーンティーを挟んで夕食というスケジュールとなる。和洋中とバラエティに富んだ食事は飽きることがない。朝昼はビュッフェスタイル、夜はサーブスタイルが基本となる。

PEACE BOAT INFORMATION

船上のバー

船内には4つものバーがあり、お酒を楽しむ環境も整っている。静かに落ち着いた雰囲気のものから大音量の音楽を楽しめるものまで。また、いわゆる居酒屋もあるので、和風おつまみと共に生ビールで乾杯もOK。

東西南北に散らばる魅惑の寄港地へ。

クルーズ毎に訪れる国や地域は異なるが、楽しみ方は変わらない。その国の風光明媚な土地を訪れたり、異国情緒溢れる街並みを散策したり、世界遺産に酔いしれたり、ローカルレストランで舌鼓を打ったり、地元の人々と交流したり。楽しむバリエーションは無限大。

各寄港地では、“自由行動で楽しむ”か、“オプショナルツアーに参加する”という2つの行動スタイルがある。前者は船を下りたら、港に待機するタクシーや自分の足で、気の向くまま、思うままに出かけていくもの。後者は有料となるが、港からバスに乗り込み、ツアーに参加するものだ。観光に特化したものや、現地の人々との交流に特化したものなどがある。特に交流コースは、他に類を見ないピースボートならではの企画が多く、人気を博している要因のひとつにもなっている。

■世界一周の航路例

いくらかかる？

How much?

139万円～

＜大人1名分の総予算＞

総予算内訳

□船室代金　129万円～

クルーズ代(4人相部屋「フレンドリーエコノミークラス」利用時の大人1名分代金)、食費含む

□諸経費目安　10万円～

出入国税およびポートチャージ、チップ含む、燃油サーチャージ、現地行動費用(オプショナルツアー代など)含まず

アジア

世界有数の経済都市やどこか懐かしい田舎の風景、街中に溢れる喧噪、絶品料理など、多くの要素が同居するアジア。観光名所はもちろん、人々の笑顔にもふれ、発展・変貌と躍動するアジアの今を感じよう。

ヨーロッパ

風光明媚な観光地、瀟洒《しょうしゃ》な町に佇む歴史的建造物、絵画や彫刻などの芸術……。どの町、どの国に訪れても、見所は盛りだくさん。レストやンカフェも多いので、町歩きも最高に楽しめる。

アフリカ

地平線まで続くサバンナや砂漠など、圧倒的なスケールの大自然がいっぱい。サバンナでは縦横無尽に駆け巡る動物に出逢い、砂漠では地球上とは思えない別世界に我が目を疑う。地球が育んだ芸術に触れよう。

運河

世界一周クルーズの魅力のひとつでもある2大運河の航行。紅海と地中海を繋ぐ“世界最長”のスエズ運河、大西洋と太平洋を繋ぐ“船が階段を上下する”パナマ運河。大迫力の1日が楽しめる。

ラテンアメリカ

マヤやインカなどの古代文明が築いた叡知の結晶。現代へも継承され続ける伝統文化。街中には陽気な音楽が溢れ、人々は踊り、そして笑う。情熱のラテンアメリカに吹く熱い風を感じよう。

この旅の相談、手配先　ARRANGING THE TRIP

ピースボートセンターとうきょう　www.pbcruise.jp

世界で一番“世界一周”をしているだけに、旅の準備から、各地での楽しみ方まで知識が豊富で頼れる存在。
まずは電話で相談してみたり、全国各地で毎週開催されている説明会に足を運んでみたりしよう。

A R C T I C
LIAKOV ISLANDS
OR NEW SIBERIA
New Siberia
S I B E R I A
STANOVOI MOUNTAINS
A L A S K A
B E R I N G
S E A
SEA OF OKHOTSK
ALEUTIAN ISLANDS
N O R T H
P A C I F I C O C E A N
HAWAII
PHILIPPINE ISLANDS
M I C R O N E S I A
CAROLINE ISLANDS
EQUATOR
P O L Y N E S I A
GILBERT IS.
SOLOMON ISLANDS
O C E A N I A
W E S T E R N
A U S T R A L I A
PERTH
ADELAIDE
SYDNEY
MELBOURNE
NORTH ISLAND
NEW ZEALAND
S O U T H
P A C I F I C O C
PARRY I
PRINCE PATRICK I.
MELVILLE I.
BANKS LAND
D O M I N I O
ROCKY MTS.
N
A M
U N I T E
PEKIN
APPROXIMATE SCALE, EAST AND W
APPROXIMATE SCALE, NORTH AND S
LONGIT

一度きりの人生 絶対に行きたい夢の旅50

心震える絶景&体験ガイド

素敵な旅作りのためのヒント集

50 DREAM TRIP GUIDE

旅行会社と相談する上で欠かせないポイント！

旅先や時期が決まったら、いよいよ旅行会社に相談だ。本書で紹介した旅を、問い合わせ先として記載した旅行会社に依頼したり、様々な旅行会社が募集している「パッケージツアー」への申込をしたりするのであれば、もちろん話は早い。しかし、どちらも“旅を構成するすべての条件が希望通り”ということが前提となる。では、希望条件が大なり小なり合わない場合はどうすればいいのだろうか？ そんなときは、パッケージをちょっと変更する「セミオーダーメイド」や、1から旅を作る「完全オーダーメイド」で希望の旅に変えてしまおう！ もちろんこだわる部分によっては金額が上がる場合もあるが、そんなに追加費用をかけなくても、希望の旅を作ることが可能だ。まずは旅行会社にイメージできる限りの要望を伝えて、見積もりをもらうところから。それが予算以下であれば何かをグレードアップしてもいいし、予算以上であれば何かを削るなどの検討を。

海外旅行が初めての人でも、旅慣れた人でも。旅を作る上でかかせないチェック事項を紹介するので、ぜひとも参考にしてほしい。YES が多いほど、旅行会社との相談はスムーズに進むが、もちろん少なくてもOK。せっかく時間を割いてお金を使うのだから、希望を詰め込んだ自分だけの旅を作ろう。

□人数は決まっていますか？

YES ホテルや飛行機など、様々な部分の手配を始めよう。

NO まずは人数を決めることから。もちろん後から追加したり減らしたりすることも可能だが、人数が確定している方が、より正確に旅の見積もりをとることができる。また、小児や幼児も一緒の場合、飛行機やホテルの料金も大幅に変わることがほとんど。
航空会社やホテルによっても条件が異なるので、子どもと一緒の場合はあらかじめ伝えておこう。

□日数は決まっていますか？

YES 旅の日数が決まっているのであれば、その中で一番効率良く楽しめる内容を考えよう。

NO まずは、「何を見たいか？」「何を体験したいか？」を考えながら必要日数を計算してみよう。

□ホテルの希望はありますか？

YES 希望が決まっているのであれば、後は金額を確認するだけ。

NO 希望を決めるにあたり、金額やロケーション、ホテルや客室からの眺め[※1]、バスタブの有無（シャワーのみというホテルも多い）、部屋のタイプ（1人部屋や2人部屋、コネクティングルーム[※2]やツーベッドルーム[※3]など）、日本語対応可能なスタッフの有無など確認すべきことが多い。まずは、こだわりたい要素を決めて、旅行会社にオススメを聞くのが得策。

※1 海に面したホテルでは、一般的に海側にある客室の方が金額は高くなる。「ホテルは夜寝るだけ」というスケジュールであれば、海側じゃない客室にした方が料金を抑えられることも。※2 隣合う部屋に専用のドアがあるもの。簡単に行き来できるのが特徴。※3 1つの客室の中にベッドルームが2つあるもの。リビングがついているものが多く、家族団欒しやすいのが特徴。

□ガイドを付けるかどうか決まっていますか？

YES 空港到着時やホテルチェックイン時、観光時など、どの部分に付けるかも決めておこう。また、英語ガイドなのか日本語ガイドなのかも確認を忘れずに。

NO ガイドを付けた方がもちろん安心感は高まる。一方、同行区間が多くなればなるほど金額も上がっていく。また同様に英語よりも日本語ガイドの方が料金は高くなることがほとんど。でも、できることなら言語の心配なく行きたいところ。必要な区間、不要な区間の見極めは、旅行会社と相談して決めるのがベストだろう。

□送迎を付けるかどうか決まっていますか？

YES 空港からホテルへ、ホテルから観光地へなど、どの部分に送迎を付けるかも決めておこう。また、英語又は現地語ドライバーなのか日本語ドライバーなのかも確認を忘れずに。

NO 現地での移動手段は、タクシーや電車、バスなども考えられるが、一番安心できるのは、旅行会社に手配を依頼する専用の送迎車。基本的にドライバーの言語は、現地語や英語がほとんど。日本語が話せるドライバーを手配できたとしても、高額になる場合が多いので、ガイド付きの場合は不要だろう。また、短い距離であればタクシーもオススメ。その場合は流しのタクシーよりも、ホテルで呼んでもらう方が安心だ。簡単にタクシーを呼べる場所であれば、タクシーの方がリーズナブルになるので、手配が必要な区間、不要な区間を旅行会社と相談して見極めよう。

□希望の飛行機の便はありますか？

YES 希望が決まっているのであれば、後は金額を確認するだけ。

NO 1日1便であれば選択の余地はないが、朝から夜まで複数あるものは、飛行機の発着時間帯も気にしたいところ。現地到着時間によっては、1日、半日が無駄になってしまうことも。一方で、効率的に行くことができる便ほど金額は上がっていくのが一般的。しかしながら、ほんの数千円だけで、現地滞在時間が大幅に変わり、満足度が変わる場合も。複数の便の見積もりを出してもらい、ベストなものを選ぼう。

□絶対に外せない、現地でのこだわり条件はありますか？

YES こだわりの条件を中心として、その他の部分を固めていこう。

NO 「ここだけは絶対に行きたい！」「そこには3時間滞在したい！」というものがあれば、それを中心に移動時間などを考え、他の部分が固まっていく。もちろんなくても問題ないが、こだわりを満たす為に削らなければならないものも出てくるので、旅行会社と相談する際には最初に伝えておこう。

□絶対に食べたい食事はありますか？

YES 同じ料理でもレストランによって、評判がマチマチなことも。レストランが決まっていなければ、旅行会社にオススメを聞くのも得策だ。

NO せっかく旅に行くのであれば、そこの名物料理もぜひ堪能しよう。旅行会社にオススメの料理やレストランなどを聞いてみれば、いろいろ教えてくれるだろう。もちろん、全てを高級レストランにする必要はない。繁華街を歩き、ローカルなレストランに入ってみるのも面白い。地元の人が多く集まっている所ほど、おいしい可能性は大だ。また、メニューが読めない場合は他の人が食べているものと同じものをオーダーするという方法もアリだろう。

旅をリーズナブルにするヒント！

高い費用を支払えば、いくらでも快適にできる。飛行機だって、ビジネスクラスやファーストクラスにすれば、格段に快適な旅ができるというもの。しかし、無駄に高くなっても意味がないので、本当に必要な“快適さ”かどうかは、よく検討した方がいい。本当にかけるべき部分とそうでない部分を見極めるには、以下のポイントを抑えておこう。

□航空券

予定が明確に決まっているのであれば、予約が早ければ早いほど安くなる。また、直行便を乗り継ぎ便にしたり、キャンセル条件が厳しいものにしたりすることなどでも安くなる。また、格安航空会社を利用するのも手だ。しかし、安さを追求するあまり満足できない旅程に…ということもあるので、希望の便と金額のバランスに気をつけよう。

□ホテル

星の数や、ホテル・客室からの眺めや、ロケーション、設備、接客… 様々な要素が良ければ良いほど金額が上がるのが常識。まずは全ての希望を満たすようなホテルを選び、その値段が高いと感じれば、少しずつ条件を落としていこう。特に寝るだけで充分という場合は、3つ星クラスでも充分に満足できるものも多くある。

□食事

やはり現地の大衆食堂が一番安い。しかも、地元の人々が集まるような所では、外れも少なく、驚くほど美味しいものに出逢えることも。たまには高級レストランも楽しみたいけど、極力ローカルな所をセレクトすることを心がけるとリーズナブルになる。また、ホテルの食事は近くて便利だけど、割高な所がほとんど。今日は疲れたので外に行くのはちょっと面倒…というような時に利用するのがいいだろう。

□ガイド、送迎車…

ガイドも送迎車も、付ければ付けるほど金額は上がる。特に先進諸国では驚くような金額になることも。しかし物価の安い国では意外と安いことも事実。国の物価にもよるが、自分達で行ける自信がある所なら、ガイドも送迎もカットすれば、リーズナブルにできる。自分達で行ける＆楽しめるかどうかの判断は、旅行会社に相談してみよう。

memo:

想い出を形に！

旅は、人生に特別な時間をもたらしてくれるもの。その“特別な時間”は、目に焼き付き、心に在り続ける。そんな想い出をいつでも蘇らせてくれるもの… それが写真だろう。写真が残ることによって、帰国後も楽しめ、一生残る宝にもなる。現地の風景から何気ないふとした瞬間、記念撮影まで… どんな瞬間も美しく残したいもの。ここでは、カメラの種類や、形として残す方法を紹介。旅立つ前に“撮影した写真”を帰国後どうするかイメージしてみよう。

□カメラの種類

フィルムカメラと異なり、枚数を気にせず気軽に撮れるデジタルカメラ。その場で撮ったものをすぐに見ることができるので、とても便利だ。カメラによって撮影スタイルも変わってくる。またカメラの重量も旅を楽しむための重要チェックポイントだ。自分の旅のスタイルに合ったカメラを選ぼう。

1. コンパクトカメラ　値段：1〜6万円前後

ポケットに入るほど小さく、移動にはとても便利。100g 台という驚きの軽さながら、写真＆動画が撮れ、液晶モニターもキレイ。フラッシュ、セルフタイマーも付いているから夜の記念撮影までカバーできる。広角撮影が苦手なのと、ボケを活かす撮影が難しいのが難点。

2. ミラーレス一眼カメラ　値段：5〜15万円前後

軽いのにクオリティの高い写真が撮れるカメラ。コンパクトカメラと一眼レフカメラの中間で、いいとこ取りのカメラだ。マクロから望遠まで、レンズを交換することもでき、一眼レフの写真までとはいかないものの、こだわりの写真を撮影できる。軽量化が進み、持ち運びにも便利だ。

3. 一眼レフカメラ　値段：7〜100万円前後

圧倒的なクオリティの写真を撮ったり、カメラという機械の操作を楽しみたければ、やっぱり一眼レフ。重量もあり、操作も覚えることが多少あるが、旅で最高の写真を撮りたいなら苦にならない。カメラを保護するカメラバッグや、交換レンズなど多少かさばるのが難点。

□おすすめ記録方法

旅先で写真を撮ったら、次は形に。写真集にしたり、スライドショーにしたりと方法は様々。あらかじめどのような形にしたいかイメージしておくと、旅先で撮る写真も変わってくるかも。下記にいくつかサイトを紹介するので、ぜひ参考にしてほしい。写真の楽しみ方は日進月歩を続けている。最新情報はインターネットや電気屋さんで入手しよう。

1. 写真集にするには？

- ●マイブック　http://www.mybook.co.jp/
- ●富士フィルム　http://fujiphoto.co.jp/

2. インターネット上にあげて、家族と共有するには？

- ● picasa（Google アカウント取得が必要）　https://picasaweb.google.com/home
- ● LUMIX CLUB　http://lumixclub.panasonic.net/jpn/

3. プリントしてアルバムにするには？

- ●しまうまプリント　http://n-pri.jp/
- ●ネットプリントジャパン　https://netprint.co.jp/　※ネットで注文すれば格安になることが多い。

□撮影時はここに注意を

- ●カメラは高価なもの。旅中に盗難にあう可能性もあるので、外出時は肌身離さず、注意しよう。
- ●誰だって急に撮影されるとあまり気分はいいものではない。人を撮影する際は、必ず事前に一言確認しよう。現地の言葉ができなくても、仕草などで確認を。
- ●国によっては、撮影した後お金を請求される場合も。あらかじめ確認の上、撮影しよう。
- ●軍事施設はもちろん、空港や駅、美術館、教会など撮影不可な場所がある。罰金やカメラの没収もあり得るので、撮影禁止サインに気をつけよう。
- ●旅に行くと予想よりも多く撮ってしまうもの。メモリーカードは、余分に持って行こう。

挨拶と笑顔があれば大丈夫！
世界８言語の挨拶集

GREETINGS

英語・フランス語・スペイン語・アラビア語・中国語・ロシア語・ヒンディー語・スワヒリ語

※アラビア語、ヒンディー語は、現地語の表記ではなくローマ字で表記してあります。

旅先で、現地の人との交流を楽しもう!

もちろん、語学力はあるに越したことはないが、なくてもビビることはない。
たったこれだけの言葉を使うだけでも、現地の人とのコミュニケーションは大きく広がり、旅がさらに面白くなるはずだ。さぁ、まずはここから。ぜひ、旅先で!

MEMO

▶英　語

こんにちは	**HELLO**（ハロー）
ありがとう	**THANK YOU**（サンキュー）
サイコー!!	**GREAT!! / COOL!!**（グレイト!!／クール!!）
また逢おう	**SEE YOU AGAIN**（シー・ユー・アゲイン）
愛してるよ	**I LOVE YOU**（アイ・ラブ・ユー）
友達だぜ	**FRIENDS**（フレンズ）
日本	**JAPAN / JAPANESE**（ジャパン／ジャパニーズ）

▶フランス語

こんにちは	**SALUT**（サリュツ）
ありがとう	**MERCI**（メルシー）
サイコー!!	**GRAND!! / SUPER!!**（グランド!!／スペー!!）
また逢おう	**AU REVOIR**（オルヴォワー）
愛してるよ	**JE T'AIME**（ジュテーム）
友達だぜ	**AMIS**（アミ）
日本	**JAPON / JAPONAIS**（ジャポン／ジャポネー）

▶スペイン語

こんにちは	**HOLA**（オラ）
ありがとう	**GRACIAS**（グラシアス）
サイコー!!	**GRANDE!! / BRAVO!!**（グランデ!!／ブラボー!!）
また逢おう	**HASTA LUEGO**（アスタ ルエゴ）
愛してるよ	**TE QUIERO / TE AMO**（テ・キエロ／テ・アモ）
友達だぜ	**AMIGOS**（アミーゴス）
日本	**JAPÓN / JAPONÉS**（ハポン／ハポネ）

▶アラビア語

こんにちは	SAIDA / AS SALAMU ALAYKUM（サイーダ／アッサラーム アライクム）
ありがとう	SHUKRAN（シュクラン）
サイコー !!	KWAYYIS（クワイイス）
また逢おう	MA'AS SALEMA（マッサラーマー）
愛してるよ	AHABA（アハッバ）
友達だぜ	SADEEK（サディーグ）
日本	ELYABAN / YABANI（ル・ヤーパーン／ヤーバーニー）

▶中国語

こんにちは	你好（ニーハオ）
ありがとう	謝謝（シェイシェイ）
サイコー !!	了不起（リアオプチー）
また逢おう	再見（ツァイジェン）
愛してるよ	我愛你（ウォー・アイ・ニー）
友達だぜ	朋友（ポンヨウ）
日本	日本／日本人（リーベン／リーベンレン）

▶ロシア語

こんにちは	ЗДРАВСТВУЙТЕ!（ズドラストヴィチェ）
ありがとう	Спасибо（スパスィーバ）
サイコー !!	ХОРОЩО/МОЛОДЕЦ（ハラショー !! ／マラデェッツ !!）
また逢おう	Ну Пока（ヌー パカー）
愛してるよ	Я ЛЮБЛЮ ВАС（ヤー リュブリュー バス）
友達だぜ	ДРУЗЬЯ（ドルウジア）
日本	ЯПОНИЯ /ЯПОНСКО（イポーニヤ／イポーンスコ）

▶ヒンディー語

こんにちは	NAMASTE（ナマステ）
ありがとう	DNANNYAWAD（ダンヤクド）
サイコー !!	ACHYA（アッチャー !!）
また逢おう	PHIR MILEGE（ピィルミレンゲ）
愛してるよ	MUJE PASAND AP（ムジェ パサンド アペ）
友達だぜ	DOOSTO（ドースト）
日本	JAPAN / JAPANI（ジャーパーン／ジャーパーニ）

▶スワヒリ語

こんにちは	JAMBO（ジャンボ）
ありがとう	ASANTE（アサンテ）
サイコー !!	NZURI!!（ヌズーリ !!）
また逢おう	KWAHERI（クワヘリ）
愛してるよ	NI NA PENDA（ニナペンダ）
友達だぜ	RAFIKI（ラフィキ）
日本	JAPAN / MJAPANI（ムジャパニ）

編集後記

『一度きりの人生、絶対に行きたい夢の旅50』を、最後までご覧いただき、ありがとうございました。
＜行き先を決めてから読む旅ガイドではなく、行き先を決めるために、ワクワクセンサーを全開にする旅ガイドのシリーズ＞の記念すべき10作目となる本書。ある意味、これまでの旅ガイドのベスト版とも言えるような一冊が出来上がりました。

旅に出よう！　そう思った時、予算やスケジュールが頭をよぎり、いつの間にか視野を狭め、限られた選択肢から旅先を決めてしまう。本当は、もっともっとやりたいことがあったのに、ついつい、行きやすい旅先を選んでしまう。
いやいや、それではもったいなさ過ぎるでしょ！
人生は一度きり。時間は限られている。
だったら、「絶対にやってみたい！」という欲求を優先して、旅に出ようよ！
そんな想いから、この企画は立ち上がりました。

そこから、編集部メンバーの経験はもちろん、様々な旅人、旅行会社、現地ガイドなどなど、海外ネットワークをフル活用して情報を集め、リストアップした多数のコンテンツから、「一度きりの人生、絶対に行きたい夢の旅」を、厳選して作り上げたのです。
美しい虹やひまわり畑に包まれる旅から、氷河の海や砂漠、南極をゆく旅まで。
バラエティ豊かなコンテンツが集まった、今までにはない旅のガイドブックに仕上がったと思います。
本書を通じて、読者の皆様に旅先の選択肢を多く知って頂くと共に、新たなる『夢の旅』を見つけるきっかけとなれば幸いです。

地球という僕らの遊び場には、まだまだ知らないことが溢れています。
インターネットで見て、知った気でいるだけでは、もったいない。
現地に行って、空気を、匂いを、風を、感じる旅へ。

この本をきっかけに、あなたの人生を変えてしまうほどの旅に出逢えることを祈っています。

Have a nice dream trip!

A-Works 編集部

協力一覧（敬称略、順不同）

構成協力・写真提供：

Amazon Tree Climbing、Egan House Boat Rentals、Five Star Club、H.I.S.、HAIしろくまツアーズ、ism、KANOE PEOPLE、Maikai Ohana Tours、PEACE BOAT、Planet Africa Tours、PLAY THE EARTH、Queen Angel、アクアスタイルズ、イベロ・ジャパン、ウニベルツール、エス・ティー・ワールド、クルーズライフ、サハラエリキ、（株）ジスコ・ボルネオ旅行社、トラベルデポ、パノラマツアーズ、ヒマラヤ観光開発(株)、フィンツアー、マゼランリゾーツアンドトラスト株式会社、ユーコン州政府、ロイヤル・カリビアン・インターナショナル、世界一周堂、西遊旅行、地球探検隊、道祖神、P162-165©オーストリア政府観光局

写真提供：

■成澤克麻、宮地岩根、塩崎亨、オンタリオスタイル/関暁、水本俊也、千賀健史、中村充利、内田和稔、Erilk Liongoren
■ゲッティイメージズ ©Paulo Fridman/Discovery Channnel Images
■iStockphoto: ©iStockphoto.com/rusm, WHPalmer, GlowingEarth, goinyk, jamenpercy, powerofforever, muha04, javarman3, lightkey, ugurhan, shaunl, tommito, Crisma, estivillml, StephanHoerold, bb_1, Jamalrani, lightpix, TheCrimsonMonkey, bb_1, lumenetumbra, Missing35mm, DOUGBERRY, Taehardy, f9photos, adisa, efegraph, laughingmango, pigphoto, slava296, elisalocci, GoodOlga, 4FR, xavierarnau, mbbirdy, Freeartist, freedombreeze, ChrisHepburn, spooh, yesfoto, rusm, sodafish, oversnap, dibrova, PhotoTalk, louietjie, xavierarnau, Sapsiwai, Nadezhda1906, shalamov, xavierarnau, dblight, shaunl, TT, GeorgeBurba, Eerik, oksanaphoto, AKauroraPhotos, shaunl, FRANKHILDEBRAND, answerho, BenGoode, kenjito, shinnji, Hanis, Sayarikuna, powerofforever, IngaL, FernandoAH, Grafissimo, Atomysom, c-photo, ChrisBoswell, BeauSnyder, StephanHoerold, ntn, Missing35mm, ShaneGross, wdstock, BigLip, TerryJLawrence, Linelds, batteriesnotincluded, xavierarnau, Oks_Mit, JohnnyGreig, TPopova, starush, benstevens, serdar_yorulmaz, PEDRE, ozgurdonmaz, emreogan, Cobalt88, Westbury, Csondy, pelicankate, lkpro, lightkey , naumoid, Woodkern, sshepard, Darinburt, davemantel, mingis, Pgiam, visuall2, DOUGBERRY, petrenkoua, shalamov, apomares, Tammy616, Alexsey, NaluPhoto, rabbit75_ist, pawel.gaul, ronnybas, Freeartist, snem, jenifoto, Angelafoto, duha127, Mytho, ronnybas, FaberDesign, WHPalmer, jd_field, robcruse, holgs, JohnCarnemolla, Tammy616, KonradKaminski, TonyFeder, bbuong, Ramsey, fz750, robas, andrearoad, WhitcombeRD, suc, Aelita17, Eerik, devrimgulsen, antonyspencer, Alexandrite, jamenpercy, sara_winter, Artpilot, scanrail, bucky_za, Bobbushphoto, eyebex, brytta, TravelKorner, fkienas, Pi-Lens, jeu, floridastock, LaserLens, ginevre, NicolasMcComber, buzbuzzer, kalimf, SHSPhotography, Pgiam, DenisTangneyJr, LPETTET, ntn, Cirilopoeta, Robinmaby, oversnap, LucynaKoch, Hamady, dblight, mikespics, benedek, Elenathewise, GordonBellPhotography, jenifoto, mtrommer, matthewleesdixon, ChrisHepburn, kodachrome25, missaigong, cjaphoto, kodachrome25, Nickos, ShutterWorx, sndrk, Beboy_ltd, tomodaji, Anton_Sokolov, weareadventurers, yai112, Veni, Jarak, howamo, RWBrooks, boon1330, howamo, SimonDannhauer, Noshira, tommito, NiseriN, LUNAMARINA, ugurhan, adisa, hadynyah, PatrickPoendl, edenexposed, MoreISO, giannigiovanni, muha04, clodio, Pirata501, manx_in_the_world, Vito_Elefante, LuigiConsiglio, danielemorra, jojobob, MyetEck, TomasSereda, Angelafoto, mmeee, luoman, PeopleImages, luoman, val_th, Grafissimo, scanrail, NeelixVoyager, jcarillet, rchphoto, tirc83, nsefotografia, OSTILL, xeni4ka, izusek, KarenMassier, nsefotografia, hadynyah, fisfra, benedek, RudyBalasko, Rawpixel, Tarzan9280, nonimatge, DavorLovincic, muha04, raflima, btrenkel, hadynyah, raywoo, tamirniv, hxdyl, yangphoto, GlowingEarth, bradscottphotos, Dutchy, PL3, MichaelUtech, JodiJacobson, steinphoto, hidalgo89, H20addict, tropicalpixsingapore, Rpsycho, chrisp0, bloodstone, BenGoode, aleskramer, igenkin, sara_winter, PaulMorton, dannogan, red-baron, Ximagination, georgeclerk, kokkai, georgeclerk, netfalls, efenzi, dimitris_k, AleksandarGeorgiev, TadejZupancic, ultramarinfoto, j-wildman, nadiusha, nelic, KaeArt, Mlenny, mtcurado, pierivb, Aurelie1, Beboy_ltd, stressone, RonTech2000, dan_prat, MoreISO, jeffstrauss, shaunl, mysticenergy, LUGO, benedek, Elenathewise, HappyToBeHomeless, Hanis, mysticenergy, JOETEX1, powerofforever, Grafissimo, dangindling, oversnap, drmarkg, roccomontoya, progat, instamatics, Aquilegia, FernandoAH, Atelopus, Braoil2, filipefrazao, PuttSk, answerho, BenGoode, javarman3, Dmitry_Saparov, zanskar, Tatyana_Drujinina, zanskar, javarman3, zanskar, Tatyana_Drujinina, Charles03, Dmitry_Saparov, christophe_cerisier, dy1976, goinyk, MarkFitzsimmons, suttisukmek, Grafissimo, Mlenny, apomares, Frogkick, ersler, inhauscreative, SwHouston, JohnCarnemolla, stevenallan, CDH_Design, nicoolay
■FOTOLIA-Fotolia.com: ©sunsinger, Arnd Drifte, Stéphan SZEREMETA, Mario Lopes, Fernando Soares, Kushnirov Avraham, Beboy, Subbotina Anna
■dreamstime: ©Song Heming, Adisa, Polina Pomortseva, Tero Hakala

本書は制作時（2014年）のデータをもとに作られています。掲載した情報は現地の状況などに伴い変化することもありますので、ご注意ください。また、写真はあくまでもイメージです。必ずしも同じ光景が見られるとは限りません。あらかじめお知りおきください。

最後に、あらためて言うまでもありませんが、旅はあくまで自己責任です。本書で描いている旅の見解や解釈については、個人的な体験を基に書かれていますので、すべてご自身の責任でご判断のうえ、旅を楽しんでください。
万が一、本書を利用して旅をし、何か問題や不都合などが生じた場合も、弊社では責任を負いかねますので、ご了承ください。

では、また世界のどこかで逢いましょう。

2014年10月1日　株式会社A-Works 編集部

地球は僕らの遊び場だ。さぁ、どこで遊ぼうか?

自分の心に眠る、ワクワクセンサーに従って、ガンガン世界へ飛び出そう。
旅をすればするほど、出逢いは広がり、人生の視野は広がっていく。
あなたの人生を変えてしまうかもしれない、大冒険へ。
Have a Nice Trip!

最強 旅ガイドシリーズ!

行き先を決めてから読む旅ガイドではなく、行き先を決めるために、ワクワクセンサーを全開にする旅ガイド!

- 様々な旅人、旅のプロ、現地ガイドたちのナマ情報を集め、旅の予算から手配方法まで、丁寧に説明したガイド付き。
- 旅の準備にツカえる割引テクニック満載の情報ノートも充実!
- フルカラー、写真満載の豪華版。見ているだけでも楽しくなっちゃう!

A-Works HP http://www.a-works.gr.jp/ 旅ガイド Facebook http://www.facebook.com/TRIPGUIDE

5日間の休みで行けちゃう!
絶景・秘境への旅
5 DAYS WONDERFUL TRIP GUIDE
発行・発売:A-Works　ISBN978-4-902256-48-2　定価:1,500円+税
一生の宝物になる最高の景色に出逢う旅へ。
5日間の休みで行けちゃう「絶景」、「秘境」を完全ガイド!
地球が創造した奇跡の別世界へ!

5日間の休みで行けちゃう!
楽園・南の島への旅
5DAYS PARADISE TRIP GUIDE
発行・発売:A-Works　ISBN978-4-902256-52-9　定価:1,500円+税
究極の解放感&癒しを求める旅に出よう!
5日間の休みで行けちゃう「楽園」、「南の島」を完全ガイド!
解放感溢れる夢のパラダイスへ!

5日間の休みで行けちゃう!
美しい街・絶景の街への旅
5DAYS BEAUTIFULTRIP GUIDE
発行・発売:A-Works　ISBN978-4-902256-56-7　定価:1500円+税
一生に一度は歩きたい! 絵本のような別世界へ。
5日間の休みで行けちゃう「美しい街」、「絶景の街」を完全ガイド!
魅惑のアートが広がる街を歩こう!

7
8
9

1

地球を遊ぼう! DREAM TRIP GUIDE

発行・発売:A-Works ISBN978-4-902256-27-7/定価:1,500円+税

人生で一度は行ってみたい…
そんな夢の旅に、手頃な値段で、本当に行けちゃう!
究極の旅ガイドが誕生。

**地球は僕らの遊び場だ。
さぁ、どこで遊ぼうか?**

2

7日間で人生を変える旅 7DAYS TRIP GUIDE

発行・発売:A-Works ISBN978-4-902256-29-1/定価:1,500円+税

脳みそがスパーク!する極上の地球旅行!
限られた休日でも行けちゃう! 予算から交通手段、スケジュールまで、
リアルでツカえる情報満載の旅ガイド!

**この旅をきっかけに、人生が変わる。
きっと、新しい何かに出逢える。**

3

地球でデート! LOVE TRIP GUIDE

発行・発売:A-Works ISBN978-4-902256-34-5/定価:1,500円+税

ふたりきりで、夢のような別世界へ。
旅を愛するふたりに贈る、究極のラブトリップ26選。
気軽に行ける週末旅行から、一生に一度の超豪華旅行まで、
愛の絆を深めるスペシャルトリップ!

世界中で、イチャイチャしちゃえば?

4

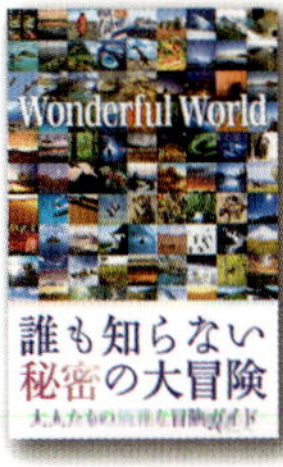

Wonderful World

冒険家のように激しく、セレブのように優雅な旅へ

発行・発売:A-Works ISBN978-4-902256-38-3/定価:1,500円+税

「冒険」と「優雅」が融合した、新しいスタイルのジャーニー。
さぁ、素晴らしきWonderful Worldへ。
世界中の"秘境"が、僕らを待っている。

さぁ、次は、どこに旅しようか?

5

両親に贈りたい旅

GUIDE BOOK FOR TRAVELLING WITH PARENTS

発行・発売:A-Works ISBN978-4-902256-43-7/定価:1,500円+税

一緒に旅をして、特別な時間を過ごすこと。
それこそが、最高の親孝行…。

**お父さん、お母さんに、
「夢の旅」を贈るためのガイドブック!**

6

人生で最高の1日 ~極上のハッピーに包まれる旅のストーリー88選~

発行・発売:A-Works ISBN978-4-902256-46-8 定価:1,400円+税

旅に出て幸せを見つけよう!
自由人・高橋歩が選んだ「旅人88人の絶対に忘れられない旅物語」。

**一人旅から家族旅まで、素敵な街から秘境まで、
極上のハッピーに包まれる旅のストーリー。
旅に出ると、自分の幸せのカタチがハッキリと見えてくる。**

一度きりの人生、絶対に行きたい夢の旅 50

＜心震える絶景&体験ガイド＞

2014年10月25日　初版発行
2016年 1月18日　第5刷発行

編　集　A-Works

プロデュース　高橋歩
編　集　滝本洋平、多賀秀行
デザイン　高橋実
装丁写真　成澤克麻
協　力　小海もも子、伊知地亮、菅澤綾子

発行者　高橋歩

発行・発売　株式会社A-Works
東京都世田谷区玉川3-38-4
玉川グランドハイツ101　〒158-0094
URL : http://www.a-works.gr.jp/
E-MAIL : info@a-works.gr.jp

営業　株式会社サンクチュアリ・パブリッシング
東京都渋谷区千駄ヶ谷2-38-1　〒151-0051
TEL : 03-5775-5192　FAX : 03-5775-5193

印刷・製本　株式会社光邦

ISBN978-4-902256-59-8
乱丁、落丁本は送料負担でお取り替えいたします。
本書の無断複写・複製・転載を禁じます。

©A-Works 2014　PRINTED IN JAPAN